辽宁省优势特色重点学科建设丛书
渤海大学教育学卓越学科建设丛书
教育部人文社科项目（13YJC880028）资助

DONGHUA QINGJINGXIA DUOMEITI
XUEXI DE SHIYAN YANJIU

动画情境下多媒体学习的实验研究

胡卫星◎著

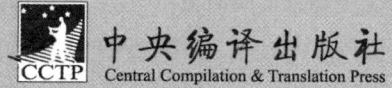
中央编译出版社
Central Compilation & Translation Press

图书在版编目（CIP）数据

动画情境下多媒体学习的实验研究 / 胡卫星著 . --
北京：中央编译出版社，2016.7
ISBN 978-7-5117-3029-9

Ⅰ.①动… Ⅱ.①胡… Ⅲ.①多媒体教学—研究
Ⅳ.① G434

中国版本图书馆 CIP 数据核字 (2016) 第 122782 号

动画情境下多媒体学习的实验研究

出 版 人	葛海彦
出版统筹	董　巍
责任编辑	王　可
责任印制	尹　珺
出版发行	中央编译出版社
地　　址	北京西城区车公庄大街乙 5 号鸿儒大厦 B 座（100044）
电　　话	（010）52612345（总编室）　　（010）52612341（编辑室）
	（010）52612316（发行部）　　（010）52612317（网络销售）
	（010）52612346（馆配部）　　（010）55626985（读者服务部）
传　　真	（010）66515838
经　　销	全国新华书店
印　　刷	北京天正元印务有限公司
开　　本	710 毫米 ×1000 毫米　1/16
字　　数	142 千字
印　　张	9.25
版　　次	2016 年 7 月第 1 版第 1 次印刷
定　　价	28.00 元
网　　址	www.cctphome.com　　邮　箱：cctp@cctphome.com
新浪微博	@中央编译出版社　　微　信：中央编译出版社（ID：cctphome）
淘宝店铺	中央编译出版社直销店（http: //shop108367160.taobao.com）（010）52612349

本社常年法律顾问：北京嘉润律师事务所律师　李敬伟　问小牛
凡有印装质量问题，本社负责调换，电话：（010）66509618

序

  近些年来，伴随着信息技术与互联网络的广泛深入应用，传统学校教育情境正发生着日益深刻的变化。教师在教学时不仅可以方便地获取各种多媒体素材，而且还可以采用多媒体组合呈现的方式来展示教学内容和设计教学活动过程，使教学活动具体化和情境化，多媒体教学已经成为时下课堂教学的主流形式。然而，多媒体设计不仅仅是一股脑地加入文字、图片、声音、动画及视频，或者只是将课本的内容加上绚丽的声光效果，而是一个如何符合学生认知特点，降低其认知负荷和增强学习有意义性的系统化设计过程。多媒体信息呈现方式的教学应用，能不能有效、高效和有趣地提升学习者的学习品质是一个非常值得深入研究的领域。

  在最近几年的多媒体学习研究领域中，传统的认知心理实验研究范式正日趋成熟，多媒体学习研究正快速地由传统图文结合的静态研究转向现代视频或动画与声音结合的动态研究。在已有的多媒体学习研究领域形成了两个著名的研究团队：美国梅耶（Mayer）教授的团队和德国史诺兹（Schnotz）教授的团队。这两个团队均运用优秀的研究方法和先进的仪器设备，不断地推动着多媒体学习机制的深入研究。美国梅耶教授的团队侧重于多媒体效应的研究，力求通过科学的实验设计发现多媒体学习的各种效应，进而找到能够有效提升多媒体学习材料研发工作的"秘诀"，该团队的工作主要是确立了多媒体学习研究的范式、内容框架和基本认知理论。而德国史诺兹教授的团队更侧重于自然状态下的多媒体学习过程分析和行为特征研究，尤其是注重将各种新型认知科学技术工具加以研究应用，如眼动行为追踪技术和ERP脑认知神经科学技术等，使传统多媒体学习向认知行为分析和脑功能分析前进了一大步，进而为多媒体学习研究开辟了新的发展方向和研究领域。

  顺应国际多媒体学习研究的新进展，国内一批优秀的专家学者，尤其是心理学和教育技术学研究专家开始采用不同的研究范式来展开中文情境下的多媒体学习研究。近五年来，采用眼动分析法来展开多媒体学习研究已经成为一种新的发展趋势。眼动分析法可以提供人在进行心理活动过程中的即时信息加工数据，从而实现对人的心理活动进行精细的分析。正是由于这一特点，加上眼动仪设备的不断发展和完善，越来越多的心理学家和教育技术学研究者开始以眼动指标来探索人类心理活动或学习活动的奥秘。

本书共为六章，第一章探讨眼动分析技术的兴起、发展以及在当前科学研究领域中的应用。第二章从多媒体学习研究的发展历程梳理着手，重点介绍当前多媒体学习这一传统研究领域的基本研究内容和基本研究范式。第三章在影响多媒体学习效果四大要素（学习材料性质、内容设计形式、空间认知能力和教学策略）的基础上分析归纳出交互作用机制下的新研究。第四章系列化实验研究学习材料性质与多媒体类型对学习效果和眼动行为的影响，内容设计形式与动画多媒体类型对学习效果与眼动行为的影响，空间认知能力与动画多媒体类型对学习效果与眼动行为的影响和教学策略与动画多媒体类型对学习效果影响的教育实验研究。第五章动画情境下多媒体学习实验研究的综合讨论及研究结论的形成。第六章动画情境下多媒体学习研究的未来发展展望。

作为一种尝试，笔者将心理学研究领域中的眼动分析法与传统多媒体学习研究相结合，试图找寻一条更为完备的多媒体学习研究新思路，尤其是如何开展动态表征的多媒体信息加工过程分析研究。眼动实验研究表明，学习者对动画多媒体信息呈现的学习内容信息加工过程会呈现出"双重情境性"（文本用来建构意义，画面用来验证和加强联系），学习者对信息的加工需要将文本信息和画面信息进行有机地整合。本研究的实施不是要去刻意评价国内外多媒体学习研究成果，目的是要让人们了解国内外多媒体学习研究的历史和现状，更为重要的是要去借鉴国外优秀研究成果（研究方法工具和研究内容）来拓展构建拥有我们自己研究特色的新领域，特别是目前对中文多媒体阅读（数字化阅读、移动阅读）的眼动研究。伴随着脑认知科学的新进展和认知神经分析技术的日趋成熟，多媒体学习的眼动研究和脑机制研究将会在未来的一段时期内成为各类学者交叉综合研究的新热点，衷心希望越来越多的相关成果面世，衷心希望我国在多媒体学习研究方面越来越强大。

胡卫星
2015 年 12 月于美丽的渤海大学人文楼

目 录

Contents

第一章 人眼与眼动分析技术 ··· 1
  一、人眼结构与眼动的生理机制 ··· 1
    （一）人眼结构 ··· 1
    （二）眼动的生理机制 ··· 3
  二、眼动分析技术 ··· 4
    （一）眼动的基本模式 ··· 5
    （二）眼动记录方式与眼动仪 ··· 6
    （三）眼动分析指标 ··· 7
  三、眼动分析技术的应用 ··· 9

第二章 动画情境下多媒体学习的研究回顾 ···································· 12
  一、动画情境下多媒体学习的内涵 ··· 13
    （一）多媒体与多媒体学习 ··· 13
    （二）动画与动画情境 ··· 16
    （三）多媒体学习研究的发展历史 ······································· 17
  二、动画情境下多媒体学习的研究内容 ····································· 19
    （一）动画情境下多媒体学习的心理机制理论分析 ······················· 19
    （二）多媒体元素自身不同设计属性对学习效果的影响研究 ··············· 32
    （三）多媒体信息表征与不同外在条件对学习效果的影响研究 ············· 40
    （四）多媒体学习研究内容的整体评析 ··································· 47
  三、动画情境下多媒体学习的研究方法 ····································· 48

· 1 ·

（一）实验室实验法 …………………………………………… 48
　　　（二）自然实验法 ……………………………………………… 50
　　　（三）多媒体学习研究方法的整体评析 ……………………… 51

第三章　动画情境下多媒体学习研究的总体设计 ………………… 53
　一、研究问题的提出 ………………………………………………… 53
　二、研究设计 ………………………………………………………… 54
　　　（一）研究内容 ………………………………………………… 54
　　　（二）研究方案 ………………………………………………… 55
　三、研究流程 ………………………………………………………… 56

第四章　动画情境下多媒体学习的实验研究 ………………………… 58
　一、学习材料性质与多媒体类型对学习效果影响的眼动研究 …… 58
　　　（一）研究目的与假设 ………………………………………… 58
　　　（二）研究方法 ………………………………………………… 58
　　　（三）结果与分析 ……………………………………………… 60
　　　（四）讨论 ……………………………………………………… 65
　　　（五）结论 ……………………………………………………… 66
　二、内容设计方式与动画多媒体类型对学习效果影响的眼动研究 … 67
　　　（一）研究目的与假设 ………………………………………… 67
　　　（二）研究方法 ………………………………………………… 67
　　　（三）结果与分析 ……………………………………………… 69
　　　（四）讨论 ……………………………………………………… 76
　　　（五）结论 ……………………………………………………… 78
　三、空间认知能力与动画多媒体类型对学习效果影响的眼动研究 … 78
　　　（一）研究目的与假设 ………………………………………… 78
　　　（二）研究方法 ………………………………………………… 78
　　　（三）结果与分析 ……………………………………………… 80
　　　（四）讨论 ……………………………………………………… 88
　　　（五）结论 ……………………………………………………… 89

四、教学策略与动画多媒体类型对学习效果影响的教育实验研究 …… 89

 （一）研究目的与假设 …………………………………………… 89
 （二）研究方法 …………………………………………………… 90
 （三）结果与分析 ………………………………………………… 91
 （四）讨论 ………………………………………………………… 96
 （五）结论 ………………………………………………………… 97

第五章 动画情境下多媒体学习实验研究的讨论与结论 …… 99

一、动画情境下多媒体学习实验研究的讨论 …………………… 99
 （一）多因素交互作用下的动画多媒体学习效果分析 ……… 99
 （二）动画多媒体学习过程的"双重情境性" ……………… 103
 （三）眼动方法在动画多媒体学习研究中的独特性 ………… 103

二、动画情境下多媒体学习的实验研究结论 …………………… 105
 （一）研究结论 …………………………………………………… 105
 （二）研究不足 …………………………………………………… 106

第六章 动画情境下多媒体学习研究的未来发展展望 …… 107

一、脑认知科学视角下多媒体学习认知理论的创新 …………… 108
 （一）多媒体学习过程的微观脑认知发生机制 ……………… 108
 （二）多媒体学习的宏观社会认知发生机制 ………………… 110

二、动画多媒体学习原理及其学习效应的再分析 ……………… 114
 （一）多媒体学习动态表征效应（动画效应）存在的实验验证 …
  ………………………………………………………………… 114
 （二）动画多媒体学习效应与学习者因素的交互作用效果分析 …
  ………………………………………………………………… 115

三、学科教学实践中的动画多媒体学习应用研究 ……………… 116
 （一）基于设计的研究新范式兴起 …………………………… 116
 （二）临床诊断与干预技术应用的重视 ……………………… 116
 （三）有意义高效学习系统模型的构建 ……………………… 117

参考文献 ……………………………………………………… 119

附　录 ……………………………………………………… 134
　　附录1：《闪电的形成》动画多媒体学习材料（以动画＋文字形式为例）……………………………………………………… 134
　　附录2：《闪电的形成》多媒体学习测试题目及评分要点 …… 137
　　附录3：《交互式电子白板教学应用》多媒体学习测试题目及评分要点 ……………………………………………………… 138

第一章　人眼与眼动分析技术

眼睛是人的重要感觉器官，主管人的视觉功能，它是外界信息进入人脑的主要通道。人类的信息加工在很大程度上依赖于视觉，来自外界的信息约有 70%～80% 是通过人的眼睛获得的。因此，对于"人是如何看事物"的科学研究一直没有间断过，对于眼球运动（以下称眼动）的研究被认为是分析人类视觉信息加工过程机制的最有效手段。同时，眼睛也是透视人内部心灵的窗户，透过这个窗户可以探究许多心理活动的规律，眼动的各种模式一直与人的内部心理变化相关联。早在 19 世纪，人们就通过观察人的眼球运动来研究人的心理，但是要真正做到这一点并不容易。一百多年来，研究学者们一直致力于研发眼动的记录装置，并通过分析记录到的眼动数据来探讨眼动与人内部心理活动的关系。尤其是近些年来，伴随着一些精密测量眼动规律仪器（以下称眼动仪）的相继问世，关于眼动的实验研究有了新的有效研究工具和分析技术，使得相关研究的客观性、科学性和应用性有了突破性的发展。眼动作为一项重要分析指标内容，被广泛地运用于心理学研究、工业设计、广告设计、可用性测试、市场研究、体育运动、交通驾驶、航空运输、信息传播、司法侦探等学科领域。

一、人眼结构与眼动的生理机制

（一）人眼结构

眼睛是人类感官中最重要的器官，人们在读书认字、看图赏画、观看演出、欣赏美景等无不用到它。人的眼睛非常敏感，能辨别不同的颜色、不同的光线和不同的物体，能将这些视觉形象信息转变成神经信号，传送给大脑。如果眼睛或视觉出现问题，人们与外界的接触便会受到极大的限制或影响。人眼是由眼球和眼附属器两个部分组成，眼球主要是完成视觉功能，眼附属器则起保护和运动眼球的辅助作用。

眼球是一个球状体，直径大约在23毫米左右，包括眼球壁、内容物、神经、血管等组织。首先，是眼球壁，它主要分为外、中、内三层。眼球外层纤维膜是由角膜和巩膜两大部分组成，前1/6为透明的角膜，其余5/6为白色的不透明巩膜（俗称"眼白"），整体上眼球外层纤维膜起到维持眼球形状和保护眼内组织的作用。眼球中层具有丰富的色素和血管，包括虹膜、睫状体和脉络膜三部分。虹膜呈环圆形，位于晶状体前，不同种族人的虹膜颜色不同。中央有一个2.5～4毫米的圆孔，被称为瞳孔。睫状体前接虹膜根部，后接脉络膜，外侧为巩膜，内侧则通过悬韧带与晶状体相连。脉络膜位于巩膜和视网膜之间，脉络膜的血循环营养视网膜外层，其含有的丰富色素起遮光暗房作用。眼球壁最内层为视网膜，它是一个含有10层之多的微细结构透明膜。其中有能感光的视细胞，视细胞感受光线的刺激后发生光化学变化，随之转变为生物电流，经视神经传导到大脑的视觉中枢从而产生视觉。视细胞又可分为锥细胞和杆细胞两种：锥细胞主要集中分布于网膜的黄斑部，在明亮的光线下，具有很高的视敏锐度和分辨率，并有颜色感觉的功能，眼睛视力的强弱，五彩缤纷的感受，都是锥细胞功能的反映；杆细胞分布在黄斑部以外的视网膜，在暗弱光线下具有感光功能，视敏锐度及分辨率低，无色觉能力，眼的视野范围和余光，都是杆细胞功能的体现。视网膜上两种视觉细胞功能上的相辅相成，使眼具有完善和立体的视觉功能。

其次，是眼内容物，主要包括房水、晶状体和玻璃体三大部分。房水由睫状突产生，有营养角膜、晶体及玻璃体，维持眼压的作用。晶状体为富有弹性的透明体，形如双凸透镜，位于虹膜、瞳孔之后，玻璃体之前。玻璃体为透明的胶质体，充满眼球后4/5的空腔内，主要成分为水。玻璃体有屈光作用，也起支撑视网膜的作用。

再次，是视神经和视觉通道。视神经是中枢神经系统的一部分，由特殊躯体感觉纤维组成，主要完成将视网膜所得到的视觉信息传送到大脑的任务，全长约42～47毫米，可分为球内段、眶内段、管内段和颅内段四大部分。视觉通道是指从视网膜接受视信息到大脑视皮层形成视觉的整个神经冲动传递的径路。它是由三级神经元组成，第一级为视网膜双极细胞，

第二级为神经节细胞,第三级神经元胞体在外侧膝状体内,发出的轴突则组成视辐射,最后终止于大脑的枕叶皮质(视区)。

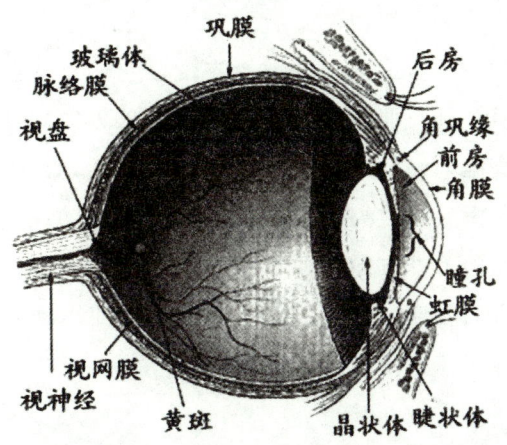

图1-1 眼球的基本结构

视觉是人以眼睛为感受器辨别外界物体明暗、颜色、位置、深度和形状等特性的感受,包括人眼对物体产生的光觉、形觉和色觉,其接受处理的适当刺激是光波。由光源或物体反射的光线经过眼球的屈光系统作用于眼球中的视网膜,引起感觉细胞的兴奋进而形成神经冲动,这些冲动再经由视神经传入大脑皮层的视觉处理区,进而最终形成了视觉。人眼视觉形成的通路是:外界光线——角膜——前房——虹膜/瞳孔——晶状体——玻璃体——视网膜——视神经乳头——视神经通路——大脑。

最后,眼附属器主要包括眼眶、眼睑、结膜、眶筋膜和泪器等。眼眶就是容纳眼球的骨腔。眼睑就是人们常说的眼皮,起到保护眼球的作用。结膜是一层透明的薄膜,分为睑结膜、球结膜和穹隆结膜三个部分,主要起到润滑眼球的作用。泪器则主要包括泪腺和泪道,有润滑和清除异物的作用。这些附属器尽管不参与眼球的屈光系统,但对于眼球却起着重要的保护、运动和支持作用。

(二)眼动的生理机制

眼球在眼眶里,有三对眼肌控制眼球的运动,它们协调活动控制着眼球的上下左右方向的运动，三对肌肉的协调活动可使眼球以角膜顶端后方13.5毫米处为中心转动，每对眼肌控制眼球在同一个平面上转动。这三对眼肌分别为：内直肌和外直肌，上直肌和下直肌，上斜肌和下斜肌。内直肌由动眼神经支配，外直肌由外展神经支配，它们相互制约引起眼的水平运动，即当内直肌和外直肌收缩时，眼球向内外方向转动；上直肌与下直肌均由动眼神经支配，它们的活动引起眼的垂直活动。上直肌收缩，眼球向上内方向转动；下直肌收缩，眼球向下内方向转动；上斜肌由滑车神经支配，收缩时眼球向下外方向转；下斜肌由动眼神经支配，收缩时眼球向上外方向转。简言之，通过眼外各种肌肉的活动使运动着的物体或复杂物体在视网膜上连续成像就是眼动的生理机制。

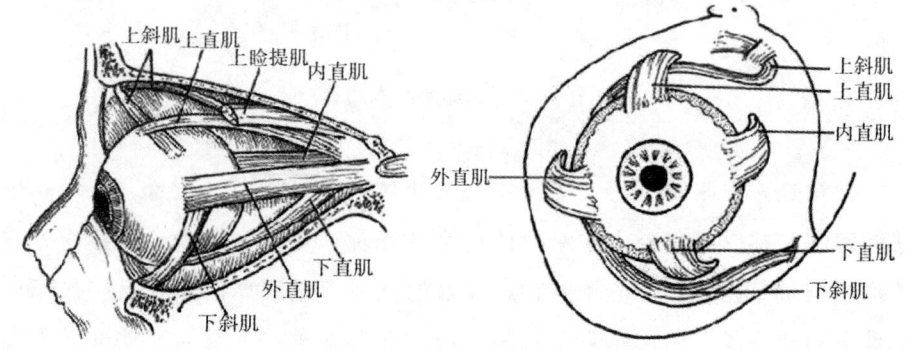

图1-2 眼肌示意图

二、眼动分析技术

眼动研究是借助眼动仪对被试者在执行特定任务时对眼睛视线的运动轨迹进行记录，以分析被试者的认知行为和心理活动的过程。通过眼动数据，能分析被试者的注视规律，来评估和优化相应的设计。早在19世纪就有人通过考察人的眼球运动来研究人的心理活动，通过分析记录到的眼动数据来探讨眼动与人的心理活动的关系。眼动分析技术是经历了一个长期发展过程才逐渐成熟起来的。在过去，眼球分析（追踪）采用方法非常烦琐，例如要在被试者的眼球上固定某些东西。新型眼动分析技术采用了更加巧妙的方法，其基本原理是将一束光线和一台摄像机对准被试者的眼睛，通过光线和后端分析来推断被试者注视的方向，摄像机则记录交互的过程。由于眼球内的视网膜吸收可见光，反射红外线，因此，视网膜和眼睛的其他部分相比能较好地反射波长更长的红外线，这就使眼动仪无须进行特别的图像识别就能确定瞳孔的位置。

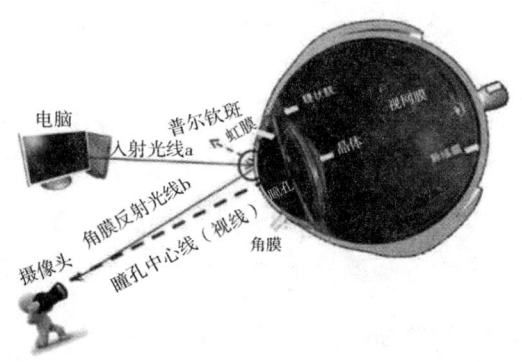

图1-3 眼动追踪原理

（一）眼动的基本模式

人的眼球运动（以下称眼动）有三种基本方式：注视、眼跳和追随运动。这三种眼动方式经常交错在一起，目的均在于让人准确选择信息，将要注意的刺激物置于像与中央窝区域，以形成清晰的像。

1. 注视

为了看清楚某一物体，人的两只眼睛必须保持一定的方位，才能使物体成像在视网膜上，这种将眼睛对准对象的活动叫注视。简言之，注视是将眼睛的中央窝对准某一物体。注视是人在获取信息时，眼睛停留在所加工的物体上。事实上，当眼睛注视一个静止的物体时，它并不是完全不动的，而是伴有三种更为细微的眼动活动：漂移、震颤和微小的不随意眼跳动。

2. 眼跳

在转移加工对象时，人眼在两个注视点之间的快速跳动，被称之为"眼跳"。眼跳的功能改变注视点，使下一步要注视的内容落在视网膜最敏感的区域——中央窝附近，这样就可以清楚看到想要看到的内容了。通常我们不容易觉察到眼睛在跳动,往往认为都是自己的眼睛在沿着一行行的句子或图形的形状在平滑的运动。但实际上,我们的眼睛总是先在对象的一部分上停留一段时间,注视以后又跳到另一部分上,再对新的部分进行注视。眼跳有两个基本的特点:一是双眼的每次跳动都几乎是完全一致的;二是眼跳的速度很快。

3. 追随运动

当我们观看一个运动的物体时,如果头部不动,为了保证眼睛总注视这个物体,眼球会追随物体移动;或者是当身体或头部运动时,为了追随一个运动物体,眼球也需要做与头部或身体运动方向相反的运动。这时眼球的运动实际上是在补偿头部或身体的运动。

(二) 眼动记录方式与眼动仪

眼动仪的问世为心理学家利用眼动技术探索人在各种不同条件下的视觉信息加工机制,观察其与心理活动直接或间接奇妙而有趣的关系,提供了新的有效工具。眼动记录技术先后经历了观察法、后像法、机械记录法、光学记录法、影像记录法等多种方法的演变。眼动记录技术就是通过对眼动轨迹的记录从中提取诸如注视点、注视时间和次数、眼跳距离、瞳孔大小等数据,从而研究个体的内在认知过程。20世纪60年代以来,随着摄像技术、红外技术和微电子技术的飞速发展,特别是计算机技术的运用,推动了高精度眼动仪的研发,极大地促进了眼动研究在国际心理学及相关学科中的应用。眼动心理学的研究已经成为当代心理学及其相关学科研究领域的一种有用范型。

现代眼动仪的结构一般包括四个系统,即光学系统、瞳孔中心坐标提取系统、视景与瞳孔坐标叠加系统和图像与数据的记录分析系统。眼动可以反映视觉信息的选择模式,对于揭示认知加工的心理机制具有重要意义,从近年来发表的研究报告看,利用眼动仪进行心理学研究常用的资料或参数主要包括:注视点轨迹图、眼动时间、眼跳方向的平均速度时间和距离(或称幅度)、瞳孔大小(面积或直径,单位像素)和眨眼。眼动的时空特征是视觉信息提取过程中的生理和行为表现,它与人的心理活动有着直接或间接的关系,这也是许多心理学家致力于眼动研究的原因所在。

图 1-4　形形色色的眼动仪

（三）眼动分析指标

1. 总注视次数：被认为是与被试者搜索绩效相联系的指标。总注视次数越多，表明搜索效率越低。

2. 平均注视驻留时间：反映的是被试者提取信息的难易程度。注视持续时间越长，表明提取信息越困难或目标更吸引人。

3. 首次到达目标兴趣区的注视时间（首次注视时间）：在显示区域搜索特定的目标时，第一次到达目标区域的时间。对于目标的首次注视时间越短，表明它越能引起注意。

4. 注视点序列（注视轨迹）：注视点在兴趣区之间的转换，记录被试者在整个体验过程中的注视轨迹，从而可知被试者首先注视的区域、注视的先后顺序、注视停留时间的长短以及视觉是否流畅等。注视轨迹反映了被试的兴趣变化过程，也反映了被试对不同区域关注度的变化。

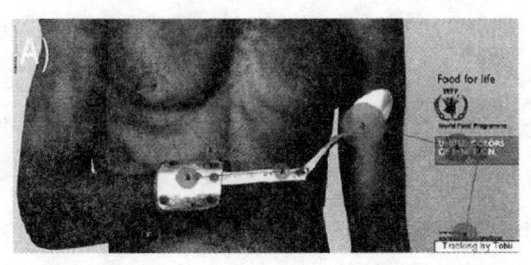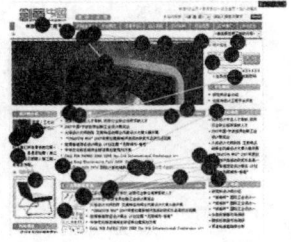

图 1-5　注视轨迹

5. 兴趣区域分析：被试眼睛注视特定显示元素（设计者感兴趣区域）的平均注视时间和注视点的个数，以及在各兴趣区之间的注视顺序。包括两个重要指标:一是凝视时间,兴趣区内所有注视时间的总和;二是兴趣区内注视次数,注视次数越多,表明这个区域对于观察者来说更为重要,更能引起注意。

6. 注视热点图:用不同颜色来表示被试者对界面各处的不同关注度,从而可以直观地看到被试者最关注的区域和忽略的区域等。在研究应用中,注视热点图常用于对多个被试者(用户)的普遍行为的揭示,可以看出群体注意力分配的趋势,群体的注视情况。

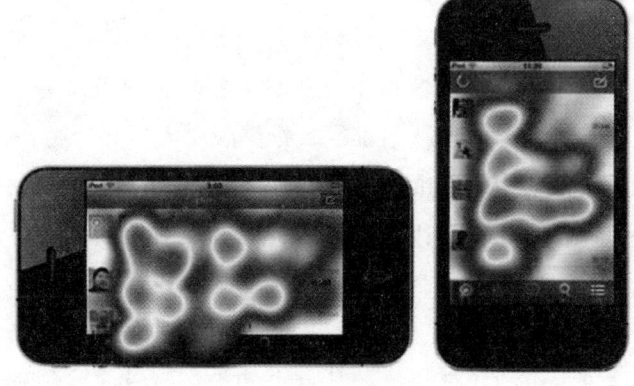

图 1-6 注视热点

7. 眼跳指标:眼跳过程不会发生编码现象,因此,眼跳指标无法反映出任何关于目标加工的信息。回视型眼跳可以作为编码过程中加工难度的指标,回视也可以作为一个认知效价的指标,回视次数与信息凸显性之间存在反比关系。常见的指标有:一是眼跳次数,眼跳次数越多,表明搜索过程越长;二是眼跳幅度,眼跳幅度越大,表明新区域或新位置有更多的意义性线索;三是回视型眼跳,回视表明当前缺乏意义性线索;四是方向改变型眼跳,如果眼跳大于90度,说明存在方向改变,意味着被试的搜索目标发生了改变。

8. 眼动扫描指标:典型的眼动扫描路径是:注视——眼跳——注视——眼跳——注视……扫描路径反映了被试信息加工过程的实时状况。其中又可细分成如下几个指标:一是扫描持续时间,持续时间越长表明搜索效率越低；二是扫描路径长度，路径越长表明搜索效率越低；三是扫描方向，可以确定被试的扫描策略；四是空间密度，空间密度越小，表明越是直接型搜索。

三、眼动分析技术的应用

眼动分析技术的研究应用是一个方兴未艾的领域，它已成为当代心理学和相关学科领域研究的一种有用范式。随着眼动仪向智能化、系列化和便携化方向的快速发展，其理论研究以及在心理学及其他相关学科领域中的应用将会得以迅速发展。

1. 眼动在心理学分支领域中的应用

首先，在视觉心理学领域，眼动分析被广泛地应用到视觉信息加工的心理机制研究中。注意，是信息加工过程中普遍存在的心理机制，因此通过眼动过程了解注意的状态及其方向，可以为揭示信息加工的内部机制提供独特而有效的途径。其次，在阅读心理学研究领域，心理学家利用眼动参数来反映个体阅读时对信息进行认知加工的过程，揭示眼动与知觉及其认知之间的关系。再次，在图画观看、视觉搜索和模式识别方面，考察被试者在观察不同形状和颜色图形时眼睛运动的顺序性问题（时间和空间序列问题）可得出许多有价值的研究成果。第四，在广告心理学中的应用，通过眼动分析可以为广告设计者对广告布局（重要信息的位置）、插图和文案进行合理的安排提供有用的依据，也为评价广告设计效果提供了客观指标。第五，在动机与态度的研究中，在相同情境下，记录被试者的眼动信息，可以探测到被试者对信息的选择取向，从而研究不同个体在相同情境下的动机与态度取向。比如对不同商品的注视时间等可以反映被试者的兴趣志向和消费动机。最后，在发展心理学研究领域，通过记录不同年龄的儿童青少年在各种不同条件下的眼动信息，可以探测其信息加工能力、学习能力的发展水平和成熟程度。如果将眼动分析应用于学科问题解决的研究，则可以探究比较不同学生在解决各种问题时对外部信息提取的状况，并由此推断其表征问题的过程和机制。

2. 眼动分析在工效学研究中的应用

在工程设计中经常要考虑人的因素的制约性,如视觉信息搜索的速度、范围及其快捷性等。眼动的工效学就是利用眼动指标来探测人——机交互作用中视觉信息提取及视觉控制问题,使设计符合人的身体结构和身心特点,实现人、机和环境三者之间的最佳结合,能够让人们更容易、更有效、更舒适和更安全地工作。目前,眼动分析的工效学应用主要集中在通过分析眼睛的运动来了解仪表、屏幕以及外视景如何设计和合理分配才能获得最好的人机交互。

3. 眼动分析在交通运输领域中的研究应用

眼动在交通运输领域的研究主要涉及驾驶舱内的表盘设计问题、道路建设及路标设置问题、驾驶者在驾驶过程中的视觉信息搜索及其培训问题等。一方面,可以根据眼动分析结果合理地设计汽车仪表盘等;另一方面,也可根据观察驾驶员行为获取的眼动模式来推测驾驶员的行为意向(当前状态)。

4. 眼动分析在航空培训研究中的应用

航空培训是一个极其费时费力的长期过程,采用眼动分析技术将会大大提高培训的效率和效果。早在二次世界大战期间欧美国家就已开始开展基于眼动行为分析的航空培训工作,目前这个领域的研究主要是研究航空环境中飞行员的行为特点和航空设备设计中人的因素问题。

5. 眼动分析在体育运动方面的研究应用

在各种体育运动过程中,视觉信息的提取是其基本的心理支持。而视觉信息提取的不同模式可能正确反映了高水平运动员与一般水平(或新手)运动员之间的运动能力差异。所以,记录不同水平运动员在运动训练或比赛过程中的眼动模式,有利于提供对新手进行有效训练的模式和策略。有些项目,如篮球、足球、乒乓球、冰球、高尔夫球、网球、台球、铅球、板球、体操、击剑、自行车和职业国际象棋等都可以利用眼动分析技术来进行项目研究。

6. 眼动分析在网站可用性设计研究的应用

网站设计可用性研究中的眼动分析主要包括对网页浏览习惯的研究和网站页面布局的研究两个方面。其中,对网页浏览习惯的研究主要是通过观察分析网民的网页浏览数据,来获取相关资料,从而对网页的结构、设计、内容等对网民的影响力做出判断，并且进一步推断出网站如何实现最优布局才能对网站受众产生最大的视觉和心理影响。在眼动分析中，发现被试者在浏览不同网页时其注视习惯几乎是一致的，最普遍的浏览模式呈现的是F形注视点分布。眼动分析技术对网站页面布局的研究是致力于使用户感觉更加顺畅舒适，在浏览页面习惯性注视动作基础上，优化网站页面内容，使浏览者更便捷地找到自己所需要的内容。

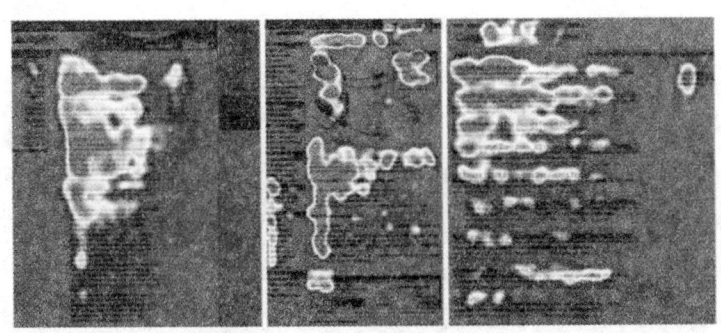

图1-7　F形网页注视习惯

7. 眼动分析在教育技术学中的应用

教育技术学研究大量学习资源中的视觉信息和学习的刺激——反应过程及内部心理要素作用，需要采用定量研究的方法对受众认知心理和接受行为进行有科学依据的测评。因此，眼动分析法应用于教育技术领域是必然趋势。目前，眼动分析法已应用于教育技术领域的多种研究课题中（研究多媒体教学的科学呈现方式、教育网络课程的形式与可用性的研究、教育网页的设计与用户体验的研究等），随着研究的不断深入，其未来趋势将是更深入、更多元地融合到教育技术领域。整体而言，在教育技术领域中，应用眼动分析法的研究数量不多，且研究范围较窄。

总之，眼动仪是工具，是发现和记录现象的工具。现象背后的原因是多种多样的，对原因的分析和定位才是眼动分析方法的重点。因此，眼动分析必须结合着具体的研究领域和详细的任务类型才有意义。

第二章　动画情境下多媒体学习的研究回顾

随着科学技术的进步与发展，尤其是以计算机和网络技术为核心的现代信息技术的快速成长，传统教学方式正发生着日新月异的变化。新教学媒体技术与学科教学实践和心理科学研究相结合诞生了一个全新的交叉边缘研究领域——新媒体学习的心理机制研究[1]。如早期基于斯金纳强化学习理论的程序教学研究，后来基于加涅认知结构学习理论的课程教学系统开发，以及今天正在进行的基于深层有效学习理论的教学环境设计开发研究等[2]。在技术支持和促进教学发展的历史过程中，任何一种新兴的媒体技术进入到教学领域后，众多研究者和教育者都会期待这种新媒体的教学应用将会使整个教育领域发生天翻地覆的新变化，新教学媒体技术将会导致教育领域发生一场深刻的革命。然而，这种期待只是一种一厢情愿而已，从电影到电视再到今天的计算机和网络，人们所期盼的"革命"并没有发生。但是，如何指导教师和帮助学习者加快学习的脚步并且取得更好的学习效果，却一直都是诸多教育研究者和心理学者所关注的研究课题。

在教学领域中并不存在一种"万能媒体"，在时至今日的信息化教学环境中，人们越来越倾向于对各种教学媒体技术的特性进行综合性考虑并加以使用，采用将多种媒体信息表征方式优化组合地进行教学，即多媒体教学方式。采用文本、语音解说、音响、图形图像、视频和动画等多种媒体形式表征教学内容，可以使学习者能够以视觉和听觉等多种感觉通道同时接收信息，从而能够有效地促进其对学习内容的信息加工过程，拓展学习者的学习深度和广度。基于此，一些一线教师、教育研究与管理者和心理研究者等就认为多媒体教学会改变传统的由教师口述与板书相结合的教学模式，并取得比传统课堂教学模式更好的学习效果。然而，事实并非完全如此。已有的一些研究和教学实践显示应用多媒体呈现的教学内容并不是总能带来好的学习效果[3]。多媒体学习效果的好坏是一个涉及教学媒体技术、教学材料性质、学习者个体特征和教学策略四大方面因素的系统工程[4]。目前，国内外对多媒体学习的研究多数是仅仅关注到系统中某一个因素而展开研究，缺乏相对比较系统的整体研究，各因素对学习多媒体学习者效果的交互影响作用还有待于得到进一步的系统研究。

视觉信息是当前多媒体学习研究中最为活跃的关注点，尤其是对教学动画的研究已经成为各种多媒体学习资源设计开发应用的关键点和核心。教学信息以动画等动态多媒体模式呈现，固然能够满足学习者的视觉感官要求，但也会产生影响最终学习效果的新变数。动态化的教学信息视觉处理能够对学习者的学习效果产生显著影响吗？动态化教学信息呈现方式优于静态化信息呈现方式吗？人们对动画多媒体教学应用效果还存在着明显的两极化争议[5]：以高中生、大学生和成年人为研究对象的动画多媒体学习研究结果大多支持动画有助于学习，且产生的学习效果明显好于静态图片的；而以中小学生为研究对象的研究结果却多认为动画学习效果与静态图片并无差异，且极容易使中小学生的认知负荷产生过载现象，从而不利于他们的学习。因此，有必要针对多媒体信息呈现中的动态（动画）和静态（图片）视觉呈现方式进行比较和进行更深入系统的实验研究，以构建有利于多媒体动态视觉（动画多媒体）信息呈现的设计原则和应用措施。

一、动画情境下多媒体学习的内涵

（一）多媒体与多媒体学习

1. 多媒体

要了解多媒体的含义，就必须先理解掌握媒体的定义。媒体又称媒介，一般说来包含两层含义：一是指信息的物理载体，即存贮和传递信息的各种实体，如书本、挂图、磁盘、光盘、软件、网站等；二是指信息的符号表现形式，如文字、声音、图像、视频、动画等[6]。基于上述媒体的理解，多媒体可以简单理解成是多种媒体的组合，具体是指为呈现信息表象而经由多种感觉通道，采用多样化形式显示的各种技术性资源的综合[7]。

换言之，多媒体还可以理解成是将文字、图形、声音、图像、动画等多种信息媒介进行有机整合并加以处理的综合媒体[8]。如下图2—1所示：

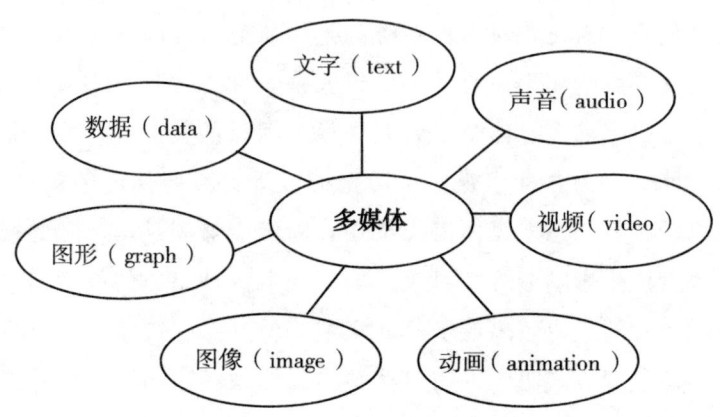

图2—1　多媒体与常见媒体元素

在实际的教育研究和心理研究中，可进一步从两个层次上来详细分析[9]：一是符号呈现模式层次，多媒体是指用两种或两种以上的符号模式来呈现材料或信息，它关注的是材料或内容信息被表征的方式，如通过图片文字结合或视频声音结合来表征；二是感觉通道层次，多媒体是指用两种或两种以上的感觉系统，如用眼睛知觉动画图像，用耳朵知觉解说语言等，它强调学习者接收外界材料或信息时所用到的像眼睛和耳朵这样的感觉接收器。用多媒体方式表征信息为广大学习者提供了一种具有巨大潜力的学习技术，但是在实际研究与应用过程中，对多媒体的研究往往会陷入技术为中心的研究和应用取向，即只是一味地追求媒体的最新技术进展和技术特征分析。对多媒体的研究应重点关注如何去运用多媒体的技术功能和优势来提升学习者的认知兴趣和促进其具体的信息加工过程，即确立起以人为中心的研究取向，重点研究如何用多样式的信息表征来促进学习者的有意义学习，研究关注点是各种多媒体信息表征方式与学习者内部各认知系统之间的关系和相互作用。

综上所述，基于多媒体的符号呈现模式和感觉通道说，同时兼顾以学习者学习为中心的研究取向，本研究认为多媒体是指用两种或两种以上的

第二章 动画情境下多媒体学习的研究回顾

信息编码形式,能够同时作用于两个或两个以上感觉通道的信息呈现方式或表征综合体。简言之,多媒体是指用语词(word)与画面(picture)共同呈现材料或信息内容。语词形式是指用印刷文本或解说等言语形式(verbal form)呈现材料;画面形式指的是用图像形式(pictorial form)呈现材料。其中,前者包括书写的视觉印刷文字(printed words)及口语表达的文字(spoken words)两种;后者则包括静态画面(包括插图、图表、照片和地图)和动态画面(包括动画、视频影片)两种。在计算机学习环境中,屏幕文本(on-screen text)或解说是言语形式,而图表、动画或视频则是画面形式;在课本学习环境中,印刷文本(printed text)是语词,插图(或其他类型的图形)或图表是画面。出于研究的目的,本研究中的多媒体只强调两种呈现的方式:语词和画面,因为这种区分与心理学领域中的认知心理学研究最相关。

2. 多媒体学习

基于上述多媒体的定义与理解,心理学研究中倾向于认为多媒体学习是学习者同时用视觉通道模式和听觉通道模式来加工和处理信息的过程,因而多媒体学习过程常被精确地称为双编码(dual-code)或双通道(dual-channel)学习。认知心理学研究成果表明语词和画面虽然互不相同但却可以互相补充,能够促进学习者在内部心理上整合视觉表征和言语表征,从而促进学习者良好记忆理解或有意义学习的产生[10]。因此,对多媒体学习的理解主要有两种常见隐喻[11]:一是多媒体学习是学习者信息获得的过程。在该隐喻理解下,多媒体学习的目的是尽可能有效地向学习者传播信息,把多媒体看作是一种"传递系统或工具",即多媒体是一种教育者向学习者有效传递信息的系统或工具;二是多媒体学习是学习者知识建构的过程。在该隐喻理解下,多媒体学习是一种学习者在多样式信息表征帮助下获得信息意义的活动过程,多媒体是学习者意义获得过程的向导,即学习者知识建构过程的"认知助手"。学习者总是试图从外部呈现的多样式表征材料中寻找信息并与学习者内部知识系统建立连贯一致的心理表征。

多媒体学习的目的不是要把学习者淹没在大量的信息中,而是要帮助学习者理解呈现材料中的那些重要的内容。因此,面向学习者有意义学习的多媒体学习隐喻具有更大的发展潜力。基于此，对于多媒体学习效果的考察也主要体现在两大方面：一是识记理解水平，即对呈现过材料的核心信息进行重现或再认的能力水平，该方面主要反映的是多媒体学习过程中学习者发生学习的数量，即学习者记住了多少必需的学习内容或相关信息；二是迁移应用水平，即学习者内部对呈现材料形成连贯一致心理表征的能力水平，反映出学习者在新情境中运用所学知识和技能的能力，主要体现的是学习者多媒体学习的质量，即学习者能够灵活应用所学内容或信息的程度。总而言之，多媒体学习研究是通过各种对比或实验研究分析不同种类的多媒体信息表征方式能够产生什么样的学习效果，试图去解释学习者是怎样通过这些不同的媒体元素去学习，记忆是如何作用于这些媒体元素的，并试图去发现和提出改进学习者媒体认知机制的作用方式。

（二）动画与动画情境

1. 动画

在文本、解说、图片、动画、视频、音频等多媒体学习的各种外部表征形式中，动画作为一种能将语词和画面融为一体的信息表征形式，已经被广泛地应用于多媒体学习。动画的正式英文"Animation"一词源自于拉丁文字根的"anima"，意思为灵魂；动词"animate"是赋予生命的意思，引申为使某物活起来的意思。所以，"animation"可以解释为经由创作者的安排，使原本不具生命的东西像获得生命一般的活动[12]。因此，从广义的词源而言，动画是指把一些原先不活动的东西，经过影片的制作与放映变成活动的影像。而一般意义上的狭义"动画"叫法和理解则是源自日本的以线条描绘的漫画作品。动画具体是指通过把人或物的表情、动作、变化等分段画成许多画幅，再用摄影机连续拍摄成一系列画面，给观众视觉造成的连续变化图画效果。同电影电视一样，动画的基本原理也是利用人类眼睛的视觉暂留原理，即人的眼睛看到一幅画或一个物体后，在0.1~0.4秒内不会消失。基于这一原理，在一幅画面还没有消失前再继续播放下一幅画面，就会给人形成一种流畅的视觉变化效果。综上所述，本研究中动画指的是利用人眼的视觉暂留原理，连续快速地呈现一连串有细微差异的静态画面或图像，从而形成的动态效果。

教学信息或内容以动画媒体形式呈现及运用，不仅可以大大满足学习者的视觉感官需求，而且动画相对于静态画面或图像来说，能比单一图像传达更多无法传达的细节，且能够更吸引学习者学习的注意力和维持学习动机，而且更为重要的是动画符合人眼偏向选择连续类似影像的心理偏好作用，因而受到了广大教学设计者和教学人员的广泛采用。一般说来，动画能广泛应用于教学过程中主要是因为其较其他媒体形式具有以下三大特性[13]：第一，能吸引并引导学习者，能帮助学习者维持学习动机；第二，能够描述动作、操作程序或轨迹流程的具体事件，如发动机工作过程等；第三，能够解释复杂的概念或现象，如机械系统结构、化学式中组成分子间的联结以及地球水循环过程等。动画多媒体较传统的图文多媒体能够提供更多有关时间空间变化的信息，从而有助于解说事件随时间演变的过程，以及模拟事件随时间转变的流畅心理模式，从而减轻学习者学习时的认知负荷，对于学习者理解教材内容有较好的学习效果，进而能够提高学习者学习的效率和效果。

2. 动画情境

情境又被称为"情形"或"境地"，是指某一段时间和空间许多具体情形的概括，常与情景相通用。情景是指某一特定的时间和特定空间中的具体情形。因此，实际上"情境"一词所指的时空范围比"情景"要大，"情境"比"情景"包含着更多的情形，"境"中有"景"。美国心理学家林格伦（Lindgren）认为教育中有三个要素或焦点区域同教育心理学家和教师的活动息息相关，这就是学习者、学习过程和学习情境。尤其是学习情境往往能够对学习者产生巨大的影响。学习情境是指学习者认识自己和学习过程得以实现的环境，是指任何影响学习者或学习过程的因素或条件。动画情境实质上是指基于动画媒体形式的学习情境，是指在动画加解说、动画加文字两种形式下呈现学习内容或信息的情境。简言之，动画情境从某种意义上讲可以理解成动态多重样式表征信息的新学习情境。

（三）多媒体学习研究的发展历史

几百年来，教学信息的主要呈现方式都是语词（包括演讲和书本）形式，用言语模式呈现教学内容信息成为人们相互彼此间传递信息的主导方式,言语式学习(verbal learning)成为学校教育中最主要的学习方式,同样言语式学习也成为教育研究和心理研究的主要焦点之一。20世纪80年代以来,伴随着计算机技术的出现到日趋成熟,传统语言式的信息呈现方式和学习方式正在发生着深刻的变化:计算机的出现与应用大大扩展了学习者用视觉模式呈现材料的具体途径,包括采用大量的静态图形和引人注目的动画片、电视视频等形态,视觉式(visual learning)学习开始成为教育实践中非常重要的学习方式,人们开始研究并开发用视觉模式来加工教学材料或组织教学内容的潜能。与此同时,随着对自身学习过程认知机制研究的不断深入,人们开始考虑将人类信息加工系统的各种认知特征与媒体技术的教学特性分析有机结合,基于多样式媒体信息表征的多媒体学习随之产生并得到了越来越广泛的研究,尤其是2000年以来多媒体学习研究得到了教育心理学、教育技术学、认知心理学、计算机科学等相关领域的广泛关注。多媒体学习研究就是根据学习者认知过程的特点,结合各种媒体元素的优势,组织安排多样式媒体呈现促进学习者对学习内容或信息进行有效有意义认知加工的相关研究。

希腊学者萨马拉斯(Samaras)(2006)认为多媒体学习研究历程可以划分为三个阶段[14]:第一阶段,单媒体教学效果比较阶段。主要是比较哪一种媒体是最好的,哪种媒体是最能够解决好教学问题的。第二阶段,多媒体学习效应研究阶段。主要探讨各种媒体特征对学习者具体学习过程的影响,以及学习过程中媒体不同设计特征所产生的效应差异。该阶段又可细分成两个亚阶段:第一亚阶段是关于学习者对所呈现的言语信息和视觉信息进行整合的可行性研究。这一时期是以多媒体开始广泛进入教育、学习领域为标志的,研究主要将媒体呈现形式分为言语呈现与视觉呈现,关注文字和图片的结合。解决的关键问题是如何安排言语和视觉表征形式(主要是文字和图片的结合),将教学信息有效地呈现给学习者。取得的主要研究结论是在知识记忆方面伴随插图的文字信息要比没有配插图的文字信息效果要好(多媒体原则),该阶段研究的主要理论依据是巴德利(Baddeley)的工作记忆理论、佩维奥(Paivio)的双重编码理论和斯威勒(Sweller)的认知负荷理论;第二亚阶段是言语信息和视觉信息安排及呈现方式教学应用有效性的实验研究。此时的多媒体学习研究将注意力集中在实际的学习和教学话题上,关注在什么条件下基于什么样的设计原则可以充分发挥多媒体的优势来改善学习者的学习。其中,主要以梅耶(Mayer)为领军者的研究团队为典型代表,他们主要关注怎么设计多媒体信息以促进有意义学习,通过大量实验探索言语信息与视觉信息的不同组合方式对学习结果的影响。梅耶的多媒体学习认知理论和史诺兹(Schnotz)的图文整合加工理论是这一阶段研究的主要理论依据代表。第三阶段,多媒体学习情境整体创设与教学应用研究阶段。此时的多媒体学习研究除了继续考察媒体类型对学习效果的影响外,更多的是开始将学习者的个体特征、学习内容本身特征等因素作为重要的研究变量,将学习任务置于特定的认知心理、社会交往和实际教学活动发生背景中,综合分析学习者在多样式信息表征环境中的各种学习行为、活动过程及内部的心理机制。如何通过有效的学习环境设计来促进学习者的高级思维能力发展是当前多媒体学习研究中的一个关键问题。

总之,尽管目前多媒体学习研究正处于第二阶段向第三阶段转变的过程中,但是近十年的多媒体学习研究证实将多媒体设计建立在科学研究的基础上是可能的且是可行的,多媒体学习研究最终将会指向学习者的有意义学习,最终目标是根据实验性研究和综合性理论分析成果,形成一系列包含各种多媒体学习情境、各种类型学习者、各种学习内容和各种学习策略的整体设计与应用体系。

二、动画情境下多媒体学习的研究内容

(一) 动画情境下多媒体学习的心理机制理论分析

多媒体是如何影响学习者学习过程的?学习者接收到的多媒体信息是如何被加工并进行整合的?学习者是如何利用多媒体信息的?等等。不同的学者和专家依据不同的理论基础和心理机制构建出了一系列的模型力求能够解决这些问题。从总体看来,对多媒体学习心理机制的研究理论模型可以分为两个层面[15]:第一层面,是多媒体学习机制的一般认知理论阐释,包括工作记忆理论、认知负荷理论、双重编码理论等;第二层面,是

多媒体信息加工过程专门理论探讨,包括多媒体认知学习理论与图文整合加工理论等。

1. 多媒体学习的一般认知心理机制理论

(1) 工作记忆系统理论:为了深化人们对记忆系统的认识,尤其是弥补传统记忆三级加工模型(多重存储器模型)的弊端,巴德利等人在1974年提出了工作记忆模型,并于1986年进行了修正[16]。巴德利等人认为在传统记忆三级加工模型中,短时记忆可以进行大量的加工与决策,但是其并不是一个单纯的独立系统,而是一个由很多独立成分组成的复杂系统。因此,应该用工作记忆(work memory)这个词来取代短时记忆(short-term memory)这一概念。所谓工作记忆是指人们在完成认知任务过程中将信息暂时储存的系统。工作记忆可以被理解为一个临时的心理"工作平台",在这个工作平台上,人们对信息进行操作处理和组装,以帮助人们理解语言、进行思维、决策以及解决问题。基于上述对短时记忆系统特性的研究认识,巴德利等人认为工作记忆是由中央执行系统、语音环和视觉空间模板三个子系统组成。其中,中央执行系统是工作记忆的核心,它是一个注意控制系统,负责协调各子系统之间的活动,与长时记忆联系并执行加工过程,主要包括对相关信息的注意和无关信息的抑制等。而语音环和视觉空间模板分别对应言语工作记忆和视觉空间工作记忆,分别完成对视觉信息和语音信息的保持与控制。大量双重任务实验的设计实施与结论有效地支持了工作记忆系统模型的合理性。

图 2-2 工作记忆模型

但是随着人们对工作记忆的深入研究,巴德利等人的工作记忆三成分模型也呈现出越来越多的不足,如难以解释学习者对散文段落进行回忆时所表现出的记忆组块现象。因此,巴德利(2001)[17]在原有模型的基础上增加了第四种成分——情境缓冲器,这种缓冲器可以保存完整的事件或情境,是使用不同编码并在各子系统之间提供有限容量的存储缓冲器。情境缓冲器可以将不同形态的记忆编码整合到一起,如根据语言描述在意识中形成视觉地图。总之,引入情境缓冲器的目的是将其作为一个容量有限的存储器,在中枢执行系统的控制下可以将来自视觉空间模板的信息和语音回路的信息整合到一起,形成多元编码。

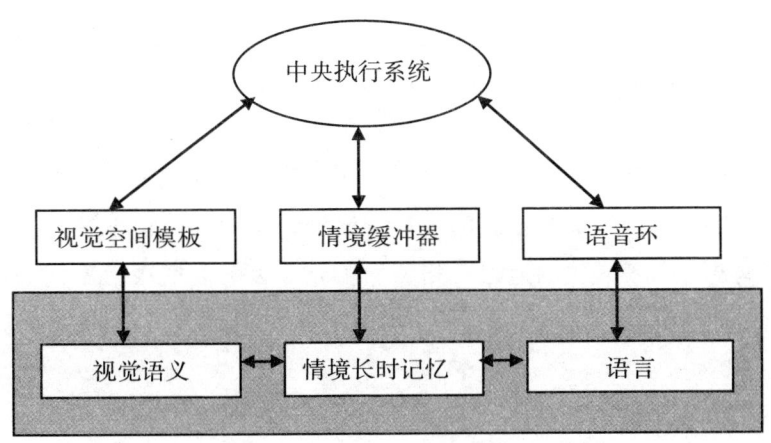

图 2-3 修订后的工作记忆模型

根据工作记忆模型,如果多媒体呈现的教学信息涉及多种通道,那么学习者就可以充分利用视听两种工作记忆,这样实际上就变相地拓展了工作记忆的容量,因此会有利于信息的记忆与保持,而且情境缓冲器也可以少量储存图像信息和言语信息,也更有利于加强图像和言语两种基本信息表征间的连接和整合。对视听两种工作记忆加工的认识和对信息多元编码整合的强调使得巴德利的工作记忆模型与多媒体学习关系密切。

(2) 双重编码理论:佩维奥(1986、1991)[18]认为人有两个在功能和结构上均不相同、独立但又相互联系的加工储存信息的认知子系统——言语系统和表象系统。言语系统用于加工言语信息,产生言语反应;表象系统用于加工非言语的、物体或事件的信息,形成事物的心理表象。在结构上的差异主要表现在信息储存的表征单元和组织方式上,言语系统储存信息的基本单元是言语符号,非言语系统储存信息的基本单元是图像映像。在组织方式上,非言语信息以并行方式进行组织,它允许一个心理表象的许多成分同时加工，而言语信息以串行形式进行组织，只能进行序列加工，并且每次只能加工有限的信息。言语与表象系统的加工过程可分为三个水平：第一，表征水平，指当言语与非言语表征被激活时所产生的加工，它包括低水平的材料驱动的知觉再认和识别，这个水平的加工过程在很大程度上受事物本身特征的影响；第二，联合加工，指在言语系统内部语言单元之间或者图像系统内部图像单元之间所发生的加工，如一个抽象的词"知识"，由于与相关的词如"经验"、"概念"、"记忆"、"事实"等相联系而得到了理解。情境是联合加工的一个重要变量，当学习者试图从词的背景中理解这个词的意义时，或者由相关的词引起想象并被整合成一个想象情境时，就是在进行联合水平加工；第三，相关加工，指一个表征系统的表征被另一个表征系统的表征所激活，从而在言语系统与非言语系统之间构造了一条潜在的通道。相关加工允许表象表征激活不同的词语表征，反之亦然。在一定的条件下，两个子系统也能以互补形式共同加工信息。

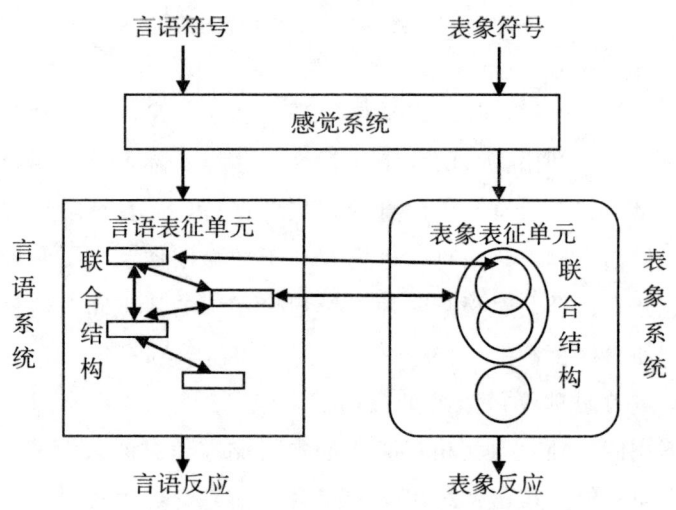

图 2-4　双重编码系统

佩维奥及其同事通过实验研究分析如果视觉表象和言语联想是精细加工的两种主要方式，那么是否会出现其中一种比另一种更有效的现象。结果发现,词语的视觉表象比言语联想具有更可靠的预测性。高表象的词比低表象的词容易学,但是高联想的词并不一定就比低联想的词容易学[19]。佩维奥认为视觉表象之所以能够行之有效,究其原因是因为它能够给学习者提供一个独立于言语编码的二级记忆编码系统。学习者个体内部存在着两种独立的记忆编码系统,而且每种编码模型都会对记忆产生影响,采用两种编码形式记忆一个项目比仅用一种编码方式进行记忆会有更多的机会和成功率。因此,佩维奥的理论被称之为双重编码理论。根据双重编码理论,当学习者用言语和表象两种认知系统表征相同的学习材料时,如果言语信息和画面信息在时间和空间上一致,则在信息编码的过程中就会形成言语表征和视觉表征的连接,能够增加学习者提取信息的路径,从而提高学习者的学习效果和学习效率。双重编码理论有效地指出多媒体学习研究中信息编码处理与存储的两个基本形式——言语和表象,为多媒体学习过程机制的研究提供了基本的研究流程和框架。但是需要注意的是,双重编码理论并没有对言语和视觉两种编码在个体内部是如何进行整合的进行深入而清晰的分析。但是,现有的多媒体学习研究成果已充分表明两种编码方式会比单纯一种编码方式取得更好的学习效果和更高的学习效率。

(3) 认知负荷理论:认知负荷理论是从认知资源分配角度来考察多媒体学习研究主题的。学习者在多媒体学习过程中,在调和多样式信息表征时会有一个潜在的问题出现:那就是学习者个体内部认知资源需求有可能会超出短时记忆的容量。工作记忆能够同时加工的信息容量是有限的,若同时加工几种信息,则会存在资源分配的问题,而分配会遵循着"此多彼少,总量不变"的原则。若在学习过程中所需要的资源总量超过了个体所能提供的资源总量,就会造成学习者认知负荷的超载,从而影响学习效率和效果。斯维勒基于认知负荷的不同来源,将认知负荷区分为内在认知负荷、外在认知负荷和生成认知负荷[20]。内在负荷是知识本身所带来的认知负荷,由学习材料包含的概念或元素的数量、概念或元素之间的相互关系以及学习者的经验水平决定的;外在认知负荷是指由外在的信息呈现和教学处理而导致学习者耗费在与教学目标无关的操作上的认知负荷,这种认知负荷对学习起着干扰作用;生成认知负荷是学习者用于图式获得和规则自动化的负荷,它对学习者的学习起着良好的促进作用。认知负荷的这三种成分之间是一种相加的关系,所加之和不能超过工作记忆资源总量。要保持学习者认知负荷处于一个合理的水平上,就需要通过自动化的图式减少内在认知负荷总量,坚决限制外在认知负荷总量,使学习者能够有更多的认知资源用于建构新的图式,增加有关认知负荷。斯维勒等人归纳总结了认知负荷理论在各学科领域具体应用的研究结果,提出了七项教学设计基本效应原则[21]:开放目标效应、示例效应、完成问题效应、注意力分散效应、冗余效应、形式效应及变化效应。如下表2—1所示:

表2—1 基于认知负荷理论的教学设计基本原则

教学设计原则	对于教学设计与认知负荷的主张
开放目标效应	教学采用开放目标方式,允许学生表达思考过程的任一步骤和成果,可降低认知负荷。
提供范例效应	在教程序性知识时,呈现适当的例题及解题方法,有助于学习者对问题状态和解题步骤建构完整模型,降低认知负荷。
完成问题效应	例题呈现部分解法,部分由学习者自己完成,可促进学习者更仔细地思考分析并降低认知负荷。
分散注意力效应	教材呈现在时空上过于分散,学习者须将注意力分散于分开呈现的信息,并花费心力整合,进而会增加认知负荷,影响学习效果。
冗余效应	当信息不需参照整合也能理解时,若在时空上同时呈现,会使大量信息进入工作记忆中导致认知负荷超载,降低学习效果。
形式效应	个体在处理信息时,若可经由双重通道,用不同的知觉形态来同时呈现信息,可有效降低短时记忆负荷,进而提升学习效果。
变化效应	变换不同的问题状态和情境,有助于学习者在进行解题时,更投入于相关的学习活动中,进而提升学习效果。

根据认知负荷理论,不当的教材设计或信息呈现方式会增加学习者的外在认知负荷水平,多媒体教材的信息呈现设计应考虑分散注意力效应、

形式效应及冗余效应等，避免产生分散注意力效应和冗余效应，想方设法增加学习者的生成认知负荷。综上所述，多媒体学习就是试图通过言语表征和图像表征互补，减少学习者的外在认知负荷，使学习者尽快地从浅层语义表征与视觉影像表征达到深层命题表征与心理模型，从而增加学习者的生成负荷空间，进而最终能够促进学习者对有意义学习的有效理解。在多媒体学习研究中需要将学习者的有意义学习与认知负荷优化控制有机结合起来。

2. 多媒体学习的专门心理机制理论

（1）多媒体学习认知理论：如果同时向学习者呈现两种信息表征方式，这两种方式是怎样相互作用的？学习者从文本和画面得到的信息是如何进行整合的？梅耶（2001、2005）[22]根据自己团队的系列研究提出了多媒体学习的认知理论。他认为多媒体学习主要包括三个基本过程：选择、组织和整合。首先，学习者需要注意经由眼耳进入到信息加工系统的视觉和言语信息中的有关内容（即选择过程）。这个选择过程具体又可细分成两个子过程：一是从呈现的言语信息中，学习者选择重要的词语进行言语表征（即选择文本），其结果是建构命题表征或文本库；二是从呈现的视觉信息中，学习者选择重要的图像进行视觉表征（即选择画面），其结果是建构表象表征或图像库。当学习者完成视觉和言语材料中特定内容或项目的选择之后，就会把进入工作记忆中的信息组织成一个连贯的整体（即组织过程）。与前面过程相对应，这个过程也要划分成两个子过程：一是学习者对文本库进行重新组织（即组织文本），形成关于文本中所描述情境的言语心理模型；二是学习者也对图像库进行重新组织（即组织图像），形成关于图像中所描述情境的视觉心理模型。最后，学习者需要在两类模型之间建立联系，并将所组织的信息与记忆中已有的、熟悉的知识结构联系起来（即整合过程）。为使整合过程得以发生，视觉信息必须保持在视觉短时记忆中。然而，短时记忆的容量有限，因此视觉与言语信息的整合将受到记忆认知负荷的限制。需要指出的是，对信息的选择、组织和整合并非总是以线性的单次顺序发生，有时也会反复的并行发生。整体的过程如下图2—5所示：

梅耶多媒体学习认知理论的主要假设就是言语信息和图像信息在不同

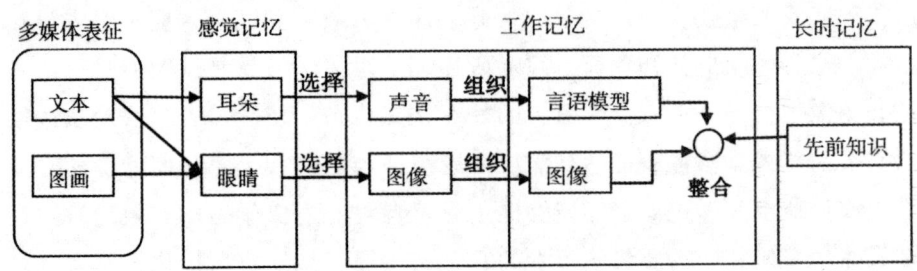

图 2-5 梅耶的多媒体学习认知理论

的认知系统中进行加工处理。根据梅耶的多媒体学习理论，学习者在进行多媒体学习时，信息加工的基本机制是：学习者选择相关词语构成命题表征，组织成言语心理模型；同时，选择重要图像形成图像表征，两种加工建构了两种平行的心理模式，最后彼此进行一对一的映射联系。如果言语信息和图画信息同时出现在工作记忆中，也就是两个模型同时在工作记忆中，就会发生整合加工。为了验证这一理论的有效性，从 20 世纪 90 年代初开始，梅耶和他的同事及研究团队陆续进行了 10 多个系列实验，所有的实验材料主题都是涉及对不同系统工作原理做出因果解释方面的内容，如刹车系统、打气筒、发电机等的系统工作原理等。所有实验均是考察学习者多媒体学习后运用所学的知识内容解决新问题的能力水平，例如如何改善某一系统或如何解决系统故障问题等。实验结果表明[23]多媒体结合呈现（在同一页或屏幕中相邻呈现文字和插图或同时呈现讲解和动画）组的学生比分离呈现（在不同页或屏幕中呈现文字和插图或讲解和动画分开呈现）组的学生在知识应用的迁移测验上会多产生 50% 的创造性解决方案。这一发现有效地支持了多媒体学习认知理论，当学习者对重要的视觉和言语信息进行选择、组织和系统整合时，其内部就会发生有意义学习。由于短时记忆的认知资源限制，当视觉和言语信息临近呈现而不是分离呈现时，学习者内部的选择、组织和整合过程更易于发生和顺利进行。梅耶和他的同事对多媒体学习的研究，较多地集中在文本信息与一系列静态画面信息整合的加工研究上，实验研究结果表明，插图加文本注解的简明呈现是书本环境下多媒体呈现的基本构建单元。根据多年的研究成果和自己的理论模型，梅耶等人提出了多媒体信息设计的七个基本原则，如下表 2-2

所示：

表 2-2 基于多媒体认知学习理论的信息设计原则

多媒体信息设计原则	具体内容
多媒体认知效应	有词语和画面组成的整合呈现要比单独只有词语或画面呈现的学习效果好。
空间接近效应	书本或屏幕上对应的词语与画面临近呈现比隔开呈现更能使学习者学得好。
时间接近效应	对应的词语与画面同时呈现比继时呈现更能使学习者学得好。
一致性效应	当无关的材料（词语、画面和声音）被排除而不是被包括时，学习者学得更好。
媒体形态效应	动画和解说的多媒体呈现要比动画和屏幕文本组成的多媒体呈现学习效果好。
冗余效应	学习者学习由动画加解说的呈现材料要比学习由动画加解说再加屏幕文本组成的呈现材料能取得更好效果。
个体差异效应	多媒体设计效果对知识水平低学习者的帮助要强于对知识水平高的；对高空间认知能力学习者的学习效果要好于对低空间认知能力学习者的。

梅耶的多媒体认知学习理论除了模型简洁易被理解之外，还有很多优点。尤其是它涵盖了很多来自佩维奥、巴德利以及斯维勒等人的重要研究观点，并且还加入了很多新的研究发现，特别是关于多媒体学习内容信息呈现设计的诸多原则很具体实用，能够有效地指导一线的教学实践活动。梅耶等人的研究认为文本心理模型与图像表象模型整合是多媒体学习过程心理机制中的一个重要步骤，但是多媒体认知学习理论的主要缺陷也是恰恰忽视了这个重要整合过程所发生的内容。究其原因是梅耶多媒体认知学习理论模型是建立在巴德利传统工作记忆模型基础之上的，而传统工作记忆模型并没涉及工作记忆系统中信息的整合和存储问题，也没有涉及情景记忆问题。同时，也有部分学者对理论模型中文本和图片的平行处理方式提出了质疑，因为文本和图形是基于不同的符号系统并且是采用不同呈现方式的，如果是并行处理会对人的认知系统造成很大的负担或压力[24]。认

知心理学关于记忆研究的新进展将会为多媒体学习研究提供新的视角和方法，将会为梅耶多媒体学习认知理论的完善提供新的支持和帮助。

（2）图文整合加工理论：史诺兹和班内特（Bannert）（2005）[25]对梅耶的多媒体学习认知模型中文本和画面平行加工提出了质疑。他们认为文本和画面属于不同的符号系统，用的是不同的表征原则，言语（或命题）是描述性的，而画面（或对话）表征是直观性的，言语表征和画面表征之间不可能有映射过程，不可能进行简单的结构整合，因为直观性表征不包含事物之间的关系。他们在双重编码理论的基础上，提出了理解文本和画面整合加工的理论。该理论认为整合模型中，主要包括两大部分：一个是描述性表征，它是由外部的文本表征、文本浅层表征和语义内容的命题表征，这些表征之间的相互作用是以符号结构分析为基础的；另一个是直观性表征，它是由外部的画面表征、画面视觉认知和所描绘物体的心理模型构成，这些表征之间的相互作用是以类比结构映射加工为基础的。两种表征形式之间可以通过模型建构和模型检验相互转换和补充。史诺兹图文整合加工模型与传统的双通道模型的区别在于，它是以不同的符号系统和表征原则为基础的。首先，言语和画面加工的交互作用不是基于文本的浅层表征和视觉知觉水平发生的，而是基于命题表征和心理模型水平的，也就是在文本和画面的语义加工之后。其次，在旧双重编码理论中，言语和画面表征被看作是结构的整合，而在新理论中被看作是心理模型建构的一个连续过程。描述性表征和直觉性表征是不能相互整合的，但可以相互交流。这两种表征系统是相互作用、相互补充的认知"通道"，而不是整合的记忆结构。具体理论模型如下图2—6所示。

图文整合加工理论模型利用了双重编码和工作记忆的已有研究成果，并借鉴了认知结构的思想。通过该模型可以很好地解释与单独利用文本或画面学习相比，将文本与画面整合起来学习可存在哪些积极的效应，也就是说在哪些条件下图文整合能有效地促进学习者的学习，具体如下表2—3所示。

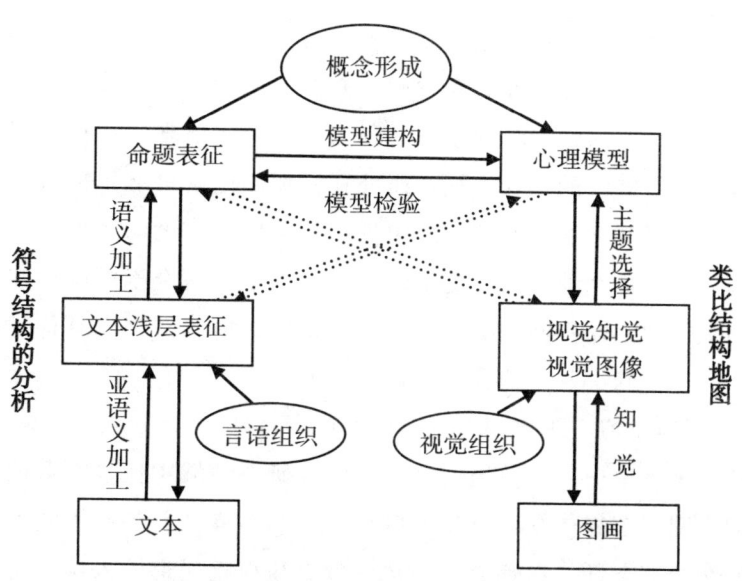

图 2-6 图文整合加工理论模型

表 2-3 基于图文整合加工理论的信息设计原则

多媒体信息设计原则	具体内容
相邻与一致效应	文本与图像在时间或空间上紧密相邻,而且在语义上也彼此相关,在工作记忆中同时出现时,学习者学得更好。
媒体形态效应	图像与解说的整合学习要优于图像与文本的整合学习。
呈现顺序效应	将图像呈现在相关文本前要优于将图像呈现在相关文本后。
阅读能力和先前知识效应	阅读水平不高且先前知识较少的学习者从文本图示中获益要比从书面文本阐释中获益更多。

图文整合加工的理论模型出发点主要是考虑到基于对不同感觉通道的运用,学习者将各种不同外部表征的学习内容作为信息源,在工作记忆中对其进行内部建构以形成心智表征,并将这些表征储存在长时记忆中,由此进行多媒体学习。尽管图文整合加工理论很好地解决了描述性表征与直观性表征是如何关联的问题,但是这还仅仅只是理论上的分析,在实际学习过程中信息设计与应用效应仍需要大量的实验来验证或支持。该理论虽

然可以解释很多现象，但是它依然有不足之处：它较少地考虑到学习者的特点，例如学习者的先前经验和空间认知能力问题。多媒体呈现的信息会影响先前经验丰富的学习者的学习，因为他们的先前知识往往使得他们对该事件有了适合自己的心理表征，而外在添加的图画可能不适合其本身的表征，从而妨碍其学习。另外，对于低视觉空间能力的学生而言，图画加工的困难到底在什么地方？在复杂的整合任务中，两个不同的认知系统是如何共同工作的？这些问题都还没有得到很好地解答，都还有待于在多媒体学习研究中得到进一步的分析和解决。

3. 多媒体学习心理机制理论分析的评析

上述几种理论模型只是当前多媒体学习研究领域中比较有影响力的代表，它们表明了多媒体学习过程中信息输入的多样性、编码方式的丰富性和认知机制的复杂性。尽管它们只是在听觉和视觉通道输入层面上讨论多媒体学习，但实质上它们还是在试图表达不同输入方式所产生的多种不同编码方式及其加工处理的内在过程机制。

（1）多媒体学习心理机制理论分析的成功之处

对于多媒体学习心理机制的理论模型与应用效应分析，早期的研究往往过于看重比较不同的技术媒体对学习的影响，而没有从符号和感觉通道水平来分析。而实际上多媒体学习研究主要集中在符号层次和感觉通道水平两个方面上，研究的重点主要放在不同外在信息表征（如文本和图形）对学习者记忆、理解和迁移的影响。上述各种机制理论的提出均是人们对学习中外在信息表征作用进行深入探究的结果。通过它们的理论分析可发现，在多媒体学习中由先进教育媒体技术呈现的外部信息表征与学习者内部心理表征之间会发生复杂的交互作用，多媒体学习效果受到这种复杂交互作用的影响。同时，这些理论模型也直接或间接地表明多媒体情境下信息外部表征与内部表征之间交互作用过程机制的复杂性。多媒体学习的诸多理论模型表明，多媒体学习能够让学习者产生有意义学习，产生的机制是当学习者将进入听觉和视觉的信息组织成视觉和听觉的心理模型，并对这两种表征进行整合时，真正的学习才得以发生。而且，当学习者利用先前知识建立言语模型和图像模型的联系，并在先前知识的基础上调整这些联系时，学习者对知识的理解便会得到加深和提高。

第二章 动画情境下多媒体学习的研究回顾

（2）多媒体学习心理机制理论分析的不足之处

这些理论体系都是为不同形态信息代码进行整合的模型创建提供准备的。然而，诸多理论在关于信息整合是如何发生的方面并没有加以深入研究，或者说研究结果并没有达到令人信服的程度。比如，一个可能的假设是不同信息代码间的整合是否需要将代码转换一种更为一般的形态，即是否存在一个更为普通的一般性通用表征代码。此外，越来越多的研究者主张信息表征在学习者内部是一个多元编码系统，但这些理论模型中都缺乏对学习者多元编码内部整合作用机制的深层次解释。传统的一般认知心理机制模型中并没涉及工作记忆中信息的整合和存储问题，也没有涉及知识的情景记忆问题，而专门的多媒体学习理论是以认知主义的"知识接受"知识观和学习观为基础的，将知识假定为一件能够进入人脑的物品，教学被看作是向学习者发布知识的过程，学习被看作是向学习者的记忆增加知识的过程。因此，在这些理论模型中学习总是发端于外界刺激对人体感官的作用。但这一观点已经被建构主义学习观所取代，学习被看作是学习者在先前知识经验的基础上主动注意、选择、解释外在信息的过程。因此，多媒体学习的认知机制必须考虑这一积极的建构过程。人的学习并不局限于人的大脑内部而发生，大脑与外在环境构成一个分析单位，头脑中的内部表征与头脑外的外部表征处于同一个系统之中。内部与外部的多重表征（如言语表征与图像表征）之间如何相互交流，如何测量并减少这种交流所需要的认知负荷，也是多媒体学习心理机制研究所需要考虑的问题之一。

此外，多媒体学习的心理机制理论尚需考虑多媒体学习材料内容的特征问题。已有的多媒体学习心理机制理论基本上只是考虑一般性的过程，更关注多媒体的一个维度——通道，如视觉通道与听觉通道，甚至有研究者认为如今对于多媒体学习的研究使用术语"多通道学习"可能比"多媒体学习"更准确。但是，这些心理机制理论都没有回答多媒体学习研究的重点问题——表征，包括多媒体表征什么内容、怎样表征这些内容等重要问题。媒体形式服务于内容性质与教学意图和情境，也许并不存在适于各种内容和情境的统一的多媒体学习心理机制，多媒体学习的认知机制或许应当是依赖于内容的、情境性的。信息技术的飞速发展已经使媒体的说教功能转移到学习环境的创建应用之上。通过构建允许多方位系统互动的多媒体学习环境，来支持以学习者为中心的有意义建构学习活动。因此，未来的多媒体学习研究将更多地关注整合性多媒体学习环境创设、多媒体与特定教学环境的适配性及学习者个体特征对多媒体学习影响等诸多方面。

综上所述，多媒体学习研究旨在探讨哪些重要因素影响学习者对媒体的恰当选择、如何设计媒体呈现来促进学习者的主动建构过程。只有回答了多媒体学习的认知心理机制问题，才有可能解决多媒体学习研究自20世纪60年代以来五十多年未能圆满解决的实践问题：在多媒体学习系统中如何整合各种媒体要素，为微观层次的多媒体学习设计提供一种综合性的使用框架。因此，研究者们将会在更宏观和更微观的角度上系统考察多媒体形式与特定学习材料或任务、学习内容适配后对学习产生的有利影响，考虑像学习者个体特征及新学习情境等更广泛因素影响下的多媒体学习研究。

（二）多媒体元素自身不同设计属性对学习效果的影响研究

多媒体教学内容和多媒体教学系统日益普及，但对于多媒体的教学功效仍然存在着两种极端的争议：一方面，是支持多媒体的人持乐观态度，认为多媒体学习既能减少学习时间也能增强学习效果，尤其可以支持学习者理解复杂的知识领域；另一方面，持相反立场的人一直对教育中运用多媒体抱怀疑态度，认为多媒体学习是无足轻重的甚至有消极的影响。之所以会出现相互矛盾的研究结果主要是因为多媒体学习的过程及效果受到了许多内部因素（各种媒体元素形式的特征如复杂性、具体性、新颖性、不一致性与适宜性等）和外部因素（诸如学习者的先前知识、学习者的认知风格、媒体呈现形式、媒体之间的关系以及教学策略等）的相互影响，只有这些因素相互之间产生适当的"匹配"，多媒体才能产生实质性促进学习功效。围绕着这些因素及其交互作用的分析研究和实验验证，就构成了当前多媒体学习研究的内容主体。

1. 静态视觉多媒体元素与学习效果：图像＋文字的多媒体形式

第一，文本组织特征及超文本。文本是一种最基本的多媒体信息呈现元素，通过文本不仅可以为学习者显示特定的教育教学信息，而且还可以在学习者自主学习遇到困难时提供一定的指导信息和反馈信息。从20世纪90年代以来,多媒体学习中关于文本信息表征方式研究主要集中在三个方面。一是对超文本阅读的研究,具体来讲包括两个层次:第一层次,计算机网络中非线性文本(超文本)阅读方式与传统书本环境下线性文本阅读方式对学习者学习效果影响的对比研究。纸面文本阅读是由上至下方逐行直线性的阅读,而超文本阅读可以借由任何一个超级链接到不同的其他网页上,且可无止境的基于关键词或其他信息进行拓展延伸,这种非线性信息呈现形式正在逐渐改变人们的阅读方式。曾敏珍(2006)[26]、陈思齐(2000)[27]研究发现在阅读时间上超文本组比线性文本组所使用的时间长;在阅读效果上超文本组的阅读成绩显然优于线性文本组;在阅读联想上超文本组的联想量多于线性组,且被试对超文本阅读经验的评估大多是正面积极态度;第二层次,超文本阅读理解的过程机制分析。吕芸桦(2004)[28]、安东尼科(Antonenko)等(2010)[29]研究发现在超文本阅读理解模式方面,学习者普遍运用交互作用与建构整合两种模式,在阅读过程中首先利用超链接来搜集阅读相关信息,进而产生放射型的树状或网状阅读路径,然后从事各种直接阅读、比较阅读等策略,呈现文本的相互作用与练习以达到对阅读目标的理解。在整个阅读理解过程中,部分与整体的解释会持续地循环发生,也使学习者先前理解与假设被不断地调整和修正;二是不同文本组织特征对学习者视觉分配和学习效果的影响研究,主要研究的文本特征有基本排版格式(如段落对齐、左右缩进和左右位置关系等)、字体字号风格及颜色特征(如利用这些不同的字符效果就能突出显示教学信息中的重点和难点)、多行文本及其呈现模式(如滚动等)。张智君(2004、2005)[30][31]、牛文佳(2007)[32]、裴学梅(2009)[33]研究发现文本组织形式对中文超文本信息搜索的绩效存在显著影响,提供恰当的不同程度的文本细化特征能促进不同学习者的文本阅读与理解;三是超文本阅读或检索过程中学习者"信息迷航"的发生机制研究。张智君(2001)[34]、迪斯特凡诺(Destefano)和勒费夫尔(Lefevre)(2007)[35]研究发现在超文本阅读与信息检索时,学习者经常要在多层交互联系的各个线性文本之间频繁跳转,而频繁跳转就极容易使学习者丧失自己在网络中的位置感,进而出现信息迷航现象而失去对最初信息的把握,同时多次跳转还可导致学习者的阅读和搜索意图发生混乱，进而不能真正理解或发现需要的信息内容。随着信息呈现组合方式由超文本向超媒体的转变，让学习者自控的超媒体学习研究会是当前和未来一段时间内文字媒体元素学习效果研究的热点。基于自控的超媒体学习研究将主要体现在三个方面：一是信息呈现表征模式的自主控制，即学习者能够自主决定采用什么媒体样式来对哪些特殊内容进行重点呈现；二是学习内容的自主选择与控制，即学习者能够自主决定学习哪些方面的材料或内容；三是学习顺序的自主确定，即学习者能够自主决定知识单元的先后呈现顺序或自主安排学习路径。曾育慧（2010）[36]研究发现基于学习者自控的超媒体形式，能够大幅度提高学习者的学习动机和学习满意度，进而能够有效地提高学习者的学习效果。

第二，图像图表特征及组合。在实际教学应用过程中图形作为多媒体学习的另一种重要具体元素也扮演着非常重要的角色，当前图形媒体表征的学习效果研究主要集中在以下三个方面：一是图形图像认知功能的分析。萨尔梅龙（Salmeron）等（2009）[37]研究结果肯定了图像在促进学习者认知上的功能，并把图像对于认知或学习的主要功能归纳如下：（1）描绘事物的空间与视觉性质：如机械的结构不容易由文本形成完整概念，借助图像的描绘，学习者可以对概念有更清晰的了解；（2）帮助文本信息的联结，降低认知负荷：工作记忆容量有限，只有正在阅读的或重要的句子（命题），才能停留于工作记忆中，但图像能够提供更快速、简明的信息，减少阅读时对前文的回顾；（3）与文本信息互补：提供文本所缺少的信息及使信息更完整与更精致化的呈现，帮助学习者形成文本信息的表征；（4）提供表征：内容与文字内容重叠，用图来标示某些文字内容，可以增加学习者的学习机会和资源，进而利于学习者对信息的接受和加工处理；（5）组织数据：图像能够提供文本内容的宏观结构信息，或将文本所包含的主要概念及其关系做系统化的组织与呈现；（6）诠释意义：图像可以用来帮助学习者说明不易了解或不熟悉的概念，形象化地解释文字数据内容；（7）转变知识形态，将文字转换为图像，以帮助学习者建构新知识；（8）装饰美化、修饰版面，用来吸引学习者的注意力并提高学习者的学习兴趣。图像可以帮助提供文字不易形成的空间与视觉表征、帮助文本信息的联结和组织数据、降低学习者的认知负荷,能与文字发挥相互补充支持的功能;二是图形图表自身不同属性特征对学习效果的影响研究。柴松针(2006)[38]、刘儒德等(2007)[39]的研究表明图形真实具体性、图形复杂性和图形交互性等属性都会对学习者多媒体学习效果产生重要影响;三是图形图表(图标)组合方式对学习效果的影响。图形图表组合是指以图像化形式呈现主题概念及相关知识,主要包括层级图、网状图、次序图、框架表和概念图五种形式[40]。吴素芬(2009)[41]、柯姿伶(2010)[42]、林香廷(2009)[43]的研究表明,在具体的学科如数学物理等中采用图形图表组合信息呈现方式能够显著提高学习者的学习成效和学习效率,尤其是在学习抽象程度比较高的知识时图标组合效果更加显著。总之,使用图形图表组合可以加速学习者整合知识和强化结构、增进学习者批判性思维能力的发展,在教学中以不同图形组合呈现不同的知识形态,对学习者学习成效和学习动机的提高有积极的促进作用[44]。

第三,图文结合方式及关系特征。图文结合方式及关系特征影响下的学习过程和效果分析是第二代多媒体学习研究的主体内容,并且还在不断地深入发展中。综合目前已有的相关资料,其研究的主体内容主要集中在以下三个方面:一是图文结合必要性和先进性的实验研究。徐娟等(2008)[45]研究发现在多媒体表征方式中,文本表征与图形表征具有各自不同的功能和用途,诸多情况下需要将两者进行有效的互补。文本属于描述性表征,主要用来说明事物之间的相互关系,它是通过语义加工(符号结构的分析)而形成命题表征以及心理模型的。而图形属于直观性表征,它本身具有内在的结构化形式,隐含着事物之间的相互关系,它是通过类比结构地图形成心理模型的。描述表征相对来说比较概括抽象,直观表征比较具体个别,因此描述表征比直观表征的表征能力更强。因此,在多媒体信息表征中描述性表征与直观性表征之间需要相互补充;二是图文语义关系对多媒体学习效果的影响研究。图形文本各种表征形式之间的语义关系也是影响多媒体学习效果的一个主要因素。赵妍(2006)[46]研究认为能否有效地促进阅读理解在很大程度上依赖于图形和文本的相关性或互补性,图文结合的多媒体学习优越性是随着图文相关性的提高而提高的。在阅读过程中,学习效果随着图文的符合程度而不断发生变化,图形会促进与图形所表达信息高度相关的文本信息的学习,图形作为与文本不同的信息来源,可以对文本进行有效补充并增加材料的真实性和具体性,还可以解释文本中难以理解的信息,使文本理解方式趋于标准化,同时使得学习者对错误理解进行及时改正。而且,学习者在有图形的情况下会产生更强的学习动机,更愿意去看文本信息,从而会花更多的时间与努力学习相关的信息材料,以求能够进行更深入更精心的语义加工。陈红艳(2004)[47]研究发现无论模型图、统计图和情境图,在文本与图形在语义上具有互补关系的条件下,学习者的阅读理解和迁移效果都会显著优于图文重叠条件和图文无关条件下的学习效果,同时对学习者造成的认知负荷也最少;三是图文整合作为基本信息表征单元及其设计应用原则的实证研究。在过去的10年至20年的多媒体学习研究领域,以梅耶为代表的学术团队一直为实现这些目标而努力研究着[48]。通过不懈的努力,他们已经构建了一个有实证检验的多媒体学习认知理论,使人们对多媒体学习过程特别是关于从语词和画面中进行有意义学习的认知过程有了一个相对清晰的了解[49]。同时,也努力发现了一系列基于实验研究的多媒体学习信息设计基本原则,这些原则一方面与多媒体学习认知理论是相一致的,另一方面也积极推动着多媒体学习研究的进一步深入发展。

2. 动态视觉多媒体要素与学习效果:视频+解说的多媒体形式

相对于丰富的图文(即文字配静态画面)搭配的多媒体学习研究,对动态表征形式的多媒体学习研究还只是刚刚起步,但是却处于快速发展过程之中。

第一,电影电视等影像视频的多媒体学习研究。该方面研究的高峰期是在20世纪80年代初到90年代末,主要原因是计算机技术和网络技术还没有作为一种教学媒体在学校教育中得到广泛普及与使用。对于电影电视等视频影像技术的多媒体学习研究关注点主要集中在两个方面:一是影像视频多媒体元素的教学特性分析。迦里失(Calisch)(2001)[50]、邱亮基(2007)[51]的研究认为在教学过程中使用电影电视等影像多媒体,具有明显不同于其他媒体的显著优势:(1)能介绍事物的动态变化过程和表现动态意义;(2)能表现或改变事物变化的速度;(3)能操纵时间过程,缩短或扩大观察事物活动过程的时间;(4)能通过放大或缩小物体帮助学习者观察宏观与微观世界，记录与呈现一般不易观察的事件；（5）能用定格或其他特殊技巧帮助学习者研究理解特殊动作；（6）能用音响色彩等使学习者产生真实感，进而能提供相当于真实情境的替代性经验。在诸多优势明显的教学特性中，尤为重要的是电影电视等影像视频能使学习者建立最低限度的共同经验，不仅可使不同程度的学生建立起，甚至是完全不识字者也能获得相当的知识经验。同时，电影电视也能提供一种共享经验，成为学习者拥有集体经验与共同记忆的思想平台。二是电影电视等影像多媒体产生的教学效应实证研究。李斯科（Risko）等人（1990）[52]直接引用现成影片《福尔摩斯侦探》和《奥立佛》进行小学五年级社会课的教学实验。研究结果显示实验组学生在社会课的知识获得与保留方面均显著优于控制组，而且尤其是以低知识程度学生获益最大。美国范德堡（Vanderbilt）大学的认知科技小组（1992）[53]以一系列的问题解决影像教学材料为基础，让学生观看一个复杂且实际的故事情境，在该情境中呈现所有能解题所需的信息，学生要在该情境中去找出相关的信息并形成各种问题解决的方案。研究结果显示这些多媒体学习材料的确可比传统的书本教学更能增强学生解题技巧的获得。曾明丽（2006）[54]研究发现，在教学活动中电视电影等影像多媒体有情节和视觉美术效果，能充分吸引住学习者的注意力，激发其学习兴趣和学习动机，进而能增进学习者的启示与领悟，达到教学目标实现和学习者学习的有意义化和高效化。当然，运用电视电影作为教学媒介有其优点，也会有其美中不足之处，任何一种媒体的教学应用都是一把"双刃剑"[55]。目前，将网络技术与传统电视电影技术相结合的网络视频点播模式正在形成并迅速完善中，基于教育视频点播的多媒体学习效果研究正在兴起并日渐得到越来越多的重视[56]。

第二，动画多媒体学习效果的分析。动画因为能够展示动态的变化过程，揭示事物发生发展现象，所以常被用于展现与时间序列有关的教学内容或信息，动画多媒体学习已经是当前多媒体学习研究中的一个重要分支和最为活跃的研究点之一。根据技术表现类型的不同，常见的动画多媒体学习形式有两种：一种是基于计算机模拟技术的动画学习，主要是通过计算机虚拟现实或动画技术构建一定的模拟问题情境，通过在情境中制造一定的认知冲突来帮助学习者实现内部心智模型的可视化表征，从而探索知识理解的内在运行机制；另一种是基于计算机智能代理技术的动画学习，主要是通过计算机动画技术构建一个智能学习伙伴动画人物模型，通过它的全程动态指导来促进学习者的学习效果和效率的提高。尽管动画已开始被大量的课堂教学引入并应用，但是相对于丰富的图文搭配（即文字配静态画面）多媒体学习研究，有关如何设计和使用动画多媒体教学的研究并没有被很好地开展，这个方面的研究还只是处于刚刚起步阶段。综合现有的资料，研究的主体是动画元素的多媒体教学特性分析和自身不同设计特征对学习效果的影响。陈郁雯（2004）[57]通过实验研究发现，计算机动画、资料表达式动画模拟与虚拟现实对学生认知学习和情境学习结果具有高度的正面成效作用。而且无论是2D还是3D视觉呈现方式的计算机动画，对于学生认知学习效果的影响都相似且也成正面促进作用。林菁（2006）[58]通过实验探讨动画中颜色与背景信息两种设计属性对不同年龄儿童认知学习的影响，研究结果显示颜色与背景信息对小学三年级认知学习的表现有影响，但对另两组年龄较大者无显著影响。动态影像中的速度对吸引学习者兴趣有很大影响。动作太慢则容易使学生不想再观赏下去，而动作快速、夸张、情节紧凑则容易使学生印象深刻。张立夫（2010）[59]研究发现，动画能够将事情或事务发展的全过程完整地呈现出来，使学习者在记忆信息时不需要再进行任何的表征转换，而只需将所呈现出的架构真实地记忆，因而能够用比静态画面形式更为有效的方式记忆更大量更细微的涉及时空性和程序性的信息，对于关键性的步骤和程序也能够加以呈现或再现，能够有效地降低学生的认知负荷，节省视觉空间记忆的认知资源。总之，人们从教育技术、教育心理和教育实践等角度，正对动画情境下多媒体学习展开深入而全面的实验研究。当前动画多媒体学习研究领域中迫切需要弄清楚三个最基本的问题：一是动态多媒体（动画）表征形式下的信息加工处理过程与静态多媒体（图文）表征形式下的是否存在差异；二是差异表现在什么方面；三是什么原因造成这些差异。

3. 听觉多媒体元素与学习效果：声音与音乐的多媒体形式

多媒体是视觉和听觉媒体元素对象的组合，视觉媒体对象包含文字、图片、视频影像、动画等，听觉媒体对象包含解说（旁白）、声音、音乐等。对于视觉媒体元素的研究主要是针对视觉媒体元素（文字、图片、动画）与听觉元素（解说或旁白）的不同比例媒体组合所产生的学习效果进行探讨；对于听觉媒体元素的研究则主要是通过语言特征变化的多媒体信息呈现对学习成效的影响分析。具体来讲，关于听觉多媒体元素的研究主要集中在以下两点：第一，听觉媒体元素的教学特性分析。科尔（Kerr）(1999)[60]研究中列出了三种常用的声音元素：演说、音效、音乐，并指出这三种听觉媒体元素分别具有不同的教学特性：（1）演说：包含解说、对话和直接的访谈。解说（旁白）可以代替文字用来传达具体的信息，同时也能吸引信息接收者的注意力；对话则是通过对声音呈现的速度及音调质量的改变来影响听者的学习效果；直接的访谈意指以听者为受访的对象，但不一定要面对面沟通，如电视、广播等；（2）音效：音效的使用除了可以表示物体出现的时间先后顺序外，也具有解说的效果帮助引申出相关的辅助信息；（3）音乐：通过适当的音乐呈现可以表现出场景时间与配合演出的节奏等。龚德英（2005）[61]研究发现，根据心理努力和材料难度评价的统计结果，有音乐组和无音乐组的学习者认知负荷没有显著差异，这说明背景音乐并没有额外增加学习者的认知负荷。但是从有音乐组记忆测试成绩显著低于无音乐组来看，说明背景音乐在某种程度上干扰了学习者的学习。郑欢欢（2008）[62]通过实验研究发现，在高中生学习者自学多媒体物理材料时，背景音乐对学习总体上产生积极影响，且主要表现在知识的保持上，而对在物理课堂教学过程中背景音乐使用却没有对学习者的学习效果产生影响。李卫华（2008）[63]通过两个实验研究不同类型的背景音乐对记忆的影响，结果表明古典音乐对记忆没有促进作用，流行音乐对有些被试的有些记忆任务产生了干扰作用。丁俊霞（2010）[64]通过实验研究分别考察学习者在学习人文科学材料和自然科学材料时，呈现方式和背景音乐对学生认知负荷的影响，结果发现背景音乐对学习者阅读成绩的影响存在差异，学习者在轻音乐条件下的阅读成绩优于无音乐条件下的阅读成绩，无音乐条件下的阅读成绩优于流行音乐条件下的阅读成绩。背景音乐对学习者认知负荷的影响存在差异，学习者在无音乐条件下的认知负荷比轻音乐条件下的认知负荷低，在轻音乐条件下的认知负荷比流行音乐条件下的认知负荷低。

第二，听觉媒体元素的学习应用效果及过程模型。曼恩（Mann

(2008)[65]通过对多媒体声音演化过程的分析提出了 SSF 模型（Structured Sound Function Model），这个模型描述了声音类多媒体元素进行教学信息呈现的过程机制，通过多媒体声音元素的三架构与五功能性分析体系，教学声音类多媒体元素将有助于学习者将学习焦点集中在重要视觉对象上，从而能提高学习者的学习效率和学习效果。

（三）多媒体信息表征与不同外在条件对学习效果的影响研究

1. 教学设计因素与多媒体信息表征对学习效果的影响研究

多媒体学习效果的好坏在很大程度上取决于教学设计方面因素作用的发挥。梅耶曾经总结了多媒体教学的七大原则，如多媒体效应、通道效应、时间邻近效应等，其中有很多效应是直接与教学设计密切相关的。教学设计作为整体教学活动中重要的一环，一般是指关于设计规划教学活动序列的广泛活动，如计划、选择、准备、实践与评价等工作[66]。从 20 世纪 90 年代以来，受教育技术和教育心理研究发展的影响，教学设计正逐渐由以教学目标为导向的强调逻辑性顺序的系统化研究转向更具互动性、整合性与动态修正性的整体化研究[67]。受这种研究转向的影响，在全面考虑教学媒体、教学内容、教师、学生和学习环境这五大教学基本因素之间关系的前提下，研究者开始重新审视多媒体教学材料的设计开发过程和具体教学活动的实施过程。综合现有的资料，多媒体信息表征和教学目标分析、多媒体信息表征与教学内容的关联性、多媒体信息表征与教学评价反馈成为当前教学设计学科视野下多媒体学习研究的三大主题。

第一，多媒体信息表征和学习任务目标的一致性与学习效果。在多媒体学习中，对学习内容信息的媒体表征方式必须与具体学习任务要求相适配时才能发挥出相应有效的作用来，不同类型的学习任务或学习目标制约着多媒体学习效果的高低。例如，当学习者要学习动态现象时，动画的效果会好于静态图画的效果，因为动画能够有效地描绘目标物动态运动过程和轨迹去向，能够提供更多的动态信息。再如在帮助学习者查找事实性信息（陈述性知识）时，概念图要比一般的纯文字文本更有效，但是在回答有关信息整合和推理的问题时，概念图和文本的效果没有多大的差异。刘儒德等（2005）[68]、宋振韶（2005）[69]研究发现在符合特定学习任务目标

第二章 动画情境下多媒体学习的研究回顾

时，使用方阵图的学生比使用文字大纲的学生能够更快找到部分信息并能比较概念间的关系，使用方阵图的学生比使用大纲或其他图形的学生能够进行更有效的记忆和复习，而且图的形式（如线图和柱状图）也影响着学习者对学习内容的解释。莫雷诺等（Moreno）（2007）[70]在让学习者学习地理时区知识时，发现环形图和平面图适合于完成不同的学习任务。这意味着只有一些信息表征方式有利于特定任务或内容知识的学习。因此，教学者要根据不同的学习任务选择合适的媒体表征形式，尽量让它们彼此之间能够做到一种最优化的适配。

第二，多媒体信息呈现与学习内容之间的关联性与学习效果。各种媒体呈现的时间与空间关系会对学习者最终的媒体学习效果产生重要的影响。杰伦（Jeroen）（2005）[71]、张弘毅（2010）[72]研究结果表明，图形和文本使用时若能够做到时空一致则其就能帮助学习者形成更丰富的、更一致的心理表征。反过来说，如果文本和图形分开呈现，学习者就会很难整合材料，学习者阅读一些文本材料，再看图形时，需要把这些文本内容保存在工作记忆中，导致工作记忆负担过重而使一些信息丢失或者没有整合。林明霞（2008）[73]通过实验研究分析了多媒体教学中信息不同组合呈现方式对学习效果的影响。同时呈现条件下，呈现动画和听觉语言信息时的学习效果最好，其次是呈现动画和文字说明，呈现三种信息时的学习效果最差。继时呈现条件下，先同时呈现动画和听觉语言信息再呈现文字说明时的学习效果最好，先呈现动画再呈现文字说明时的学习效果最差。各种不同信息组合的呈现方式中，先同时呈现动画和听觉语言信息再呈现文字说明时的学习效果最好，其次是先呈现动画再同时呈现视听两种语言信息及同时呈现动画和听觉语言信息，再次是同时呈现动画和文字说明及继时呈现动画和文字说明，同时呈现三种信息时的学习效果最差。因此，学习者多媒体学习困难或效果不佳其实极有可能是因为某个教学设计因素设置不当所致，而不是因为信息媒体呈现形式的原因。

第三，多媒体学习过程中的支持引导和反馈与学习效果。在复杂材料的多媒体信息表征中，学习者往往需要整合不同表征中的信息才能进行有意义学习，然而学习者在很多情况下并不能及时有效地应用多种表征。他们往往需要额外的帮助支持和信息反馈才能真正及时有效地利用各种信息资源，达到对信息的理解掌握与应用。莫雷诺等（2005）[74]、栾文娣（2007）[75]研究发现，学习者常常不知道他们在图画中应该观察什么内容，从他们看到的东西中也容易得出错误的结论。只有给予恰当的指导或解释，引导学生注意相关的细节，图形才能学习。刘儒德等（2009）[76]研究发现，在动画和解说中加入信号比没有加入信号更能提高学生的迁移成绩。他们认为信号不仅能够引导学生注意信息的相关部分，区分出相关信息和无关信息，选择合适的信息；还能够引导学习者明晰材料中的关系，形成局部的和整体的组织结构，起到组织知识的作用，这样就减少了对工作记忆的挑战，使学习者将更多的认知资源用于整合信息和理解信息。罗瑛（2009）[77]、刘宏程（2009）[78]在真实课堂的多媒体学习中也发现，给予线索提示的学生多媒体学习成绩要显著高于没有给线索提示的学生。这说明引导和支持无论在实验学习环境中还是在课堂自然教学环境中对学习者最终学习效果的影响都显著。梅耶（2009）[79]研究提出了信号原则，指出在多媒体教材中若含有可强调教材内容组织结构与重点的提示，即注意力引导，则学习者的多媒体学习效果较好。由于不同类型的提示会给学习者提供不同的注意力引导，进而产生不同的学习效果。同时，不同类型的提示有着不同的任务要求，又会影响不同支持手段的使用情况（如使用的频率、使用时间等）。因此，在未来多媒体学习研究中，可以探究针对不同学习任务如何为学习者寻找到最适合的支持手段或方法，进而更好地促进学习者的学习和理解。

2. 学习者个体特征因素与多媒体信息表征对学习效果的影响研究

除了媒体呈现方式和教学设计要素外，学习者的个体特征也是影响多媒体学习效应结果的重要因素。因此，探讨多媒体学习成效时，需要重视学习者个体特征差异对多媒体学习结果可能产生的影响。当前，关于学习者个体特征因素与多媒体学习效果之间关系的研究，主要集中在三个方面：一是学习者基本个体特征与多媒体学习效果；二是学习者认知特征与多媒体学习效果；三是学习者专业知识特征与多媒体学习效果。其中，第二个方面是该专题的研究主体和热点。

第一，学习者基本个体特征差异：年龄和性别。杰雯（Gerven）（2003）[80]、可汗（Khan）（2010）[81]研究发现，图形认知动机存在着年龄

差异效应，年幼儿童喜欢色彩鲜艳的、简单的真实图画，而年长儿童和成年人相对更喜欢复杂的图画。成年人能根据自己的目的从具体丰富的细节中找到自己所需要的信息，而儿童容易被这些细节信息吸引注意力，不能从中找到关键信息。值得注意的是，老年人更适合多媒体学习，老年人比年轻人从多媒体中获益更多，所需要的认知负荷更低。目前，关于到底是什么年龄特征的学习者最适合多媒体学习还没有得到令人信服的一致结论。洪郁婷（2005）[82]研究发现，不同性别的学生其数学学习成绩在不同教学方法间有显著差异。对女生而言接受 3D 虚拟现实教学软件后在数学学习成绩上的表现显著高于接受一般教学。对男生而言两种教学法间的效果没有差异。关于性别对多媒体学习效果的影响研究也没有取得令人一致认可的结果，周芳华（2007）[83]的研究显示性别差异对多媒体学习效果影响甚微，而凯瑟琳（Katherine）（2009）[84]的研究则认为性别差异对多媒体学习影响差异显著，究其原因主要是因为多媒体学习效果受众多因素的影响，尤其是学习者自身特征方面仍然存在着诸多的差异项。

第二，学习者认知特征差异：学习风格、空间能力、知觉偏好。首先，学习风格与多媒体学习效果。个体的认知风格所描述的是一个人习惯上完成学习任务所采取的应对方法或反应。陈铮（2004）[85]的研究结果表明，多媒体学习过程需要在强调信息呈现设计要符合学习者认知规律的同时，还必须考虑诸如认知风格差异之类的学习者个体认知特征差异，因为它们会对学习者多媒体学习效果产生潜移默化的影响，只有能根据学习者风格而异的多媒体设计才能真正使学习效果达到最优化。陈彦垒（2007）[86]研究发现，不同学习风格下学习者多媒体学习效果差异明显，场独立性的学习者其多媒体学习效果要好于场依赖性的学习者，就学习进步幅度而言场依赖性的要优于场独立性的。其次，空间认知能力与多媒体学习效果。由于多媒体信息表征中言语形式和视觉形式并用，所以学习者需具备能够形成、保持和使用心像的能力，因此空间认知的能力是影响多媒体学习成效的重要因素[87]。梅耶（2001）[88]提出多媒体学习空间能力个别差异原则，认为高空间能力者进行多媒体学习时，学习成效优于低空间能力者。梁雪娟（2005）[89]对于高职生利用多媒体教材学习统计数学展开研究，结果显示高空间能力者对动画多媒体的学习成效优于静态；低空间能力者对动画和静态图片的学习结果差异则不显著,支持动画有利于高空间能力学习者的假设。然而,也有研究持不同看法,奥瑞根雷尼恩(Koroghlanian)和克莱因(Klein)(2004)[90]通过实验研究探讨多媒体呈现方式与空间能力对高中生学习生物教材的效果影响,结果显示多媒体教材的视觉信息部分以动画及静态图像呈现,高空间能力学生在静态图像组的学习成绩显著优于低空间能力组,支持高空间能力学习者较低空间能力学习者更容易建立视觉表征,能够将更多的认知资源投入于执行静态视觉表征与口语信息整合的假说;动画与静态图片对于低空间能力组的学习成效的影响无差异,但高空间能力组在动画上的学习成效较静态图片差。再次,学习者知觉偏好与多媒体学习效果。在多媒体学习情境中,学习者个体在信息处理的过程中,首先面对的就是经由不同感官接收到的各种信息刺激。因此,研究需要特别聚焦在学习者本身与感官接受信息相关的知觉或感官偏好方面。关于知觉或感官偏好,有些学者归类在认知形态之下,也有一些学者将其归类为学习形态的认知部分或生理部分之中。一般的,倾向于将知觉偏好分为视觉型和听觉型两大类。叶玉立(Yeh)和王柴卫(Wang)(2003)[91]研究中将大被试分为言语视觉型、非言语视觉型、视觉型、听觉型和混合型五类,并将英文字词的教材设计成文字、图片＋文字、图片＋语音＋文字三种多媒体信息呈现版本。研究发现三种版本的教材中,以图形＋文字组学习者的表现最好,但不同的学习形态对学习成效并无显著的影响,而同时考虑多媒体组合方式与学习形态两个因素时,发现混合型的学习者在图片＋文字组的表现优于文字组的表现。许秋瑾(2003)[92]研究发现,不同的多媒体教材呈现方式对学习成效无影响,但四种不同知觉偏好形态的学习者中,视听觉偏好强或视觉型学生表现优于听觉型,另外,视觉偏好强的学生表现优于视觉偏好弱者,而听觉偏好强弱的学生表现并无差异。由此,研究认为学习结果与计算机多媒体教学环境主要以屏幕呈现教材内容有关,不过教材呈现方式与学习形态对学习成效并无显著的交互作用影响。潘伯正(2009)[93]研究发现,学习者知觉偏好与教材媒体型态存在着交互作用,显著影响着学习者的多媒体学习成效。学习者知觉偏好与教材媒体型态相匹配时,学习成效显著优于不匹配时的学习成效。综合上述研究可发现,国内外大多数的研究都认为知觉偏好对于学习成效有显著的影响,尤其当教学方式符合学习者的知觉偏好时,能得到最佳的学习成效表现。但是在针对使用计算机多媒体作为教学方式的研究中,多数研究发现虽然计算机多媒体有助于提高学习者的学习效果与学习态度,但没有全部支持计算机多媒体教学与知觉偏好对学习成效有显著的交互作用影响,虽然有些研究确实发现计算机多媒体教学环境较适合触觉、视觉、非听觉或非动觉的学习者,使他们的学习成效表现较佳,但此观点尚未获得大多数实验研究的证实。

第三,学习者的专业知识特征差异:先前知识水平、学科知识背景。研究结果也呈现出不一致的现象:梅耶和加利尼(Gallini)(1990)[94]分别以汽车刹车系统、打气筒和发电机等为主题,其学习内容以单独文字呈现和文字加图像共同组成两种媒体呈现方式,研究发现文字和图像共同组成的方式在学习保留测验和学习迁移测验成绩均比单独文字呈现方式更高,且在低先前知识学习者中存在较大的多媒体原则效应,而在高先前知识学习者中则没有差异。卡尔尤迦(Kalyuga)、钱德勒(Chandler)和斯威勒(1998)[95]研究发现,低专业知识学习者对图表和文字在空间上整合呈现的学习情况比图表和文字在空间上分离呈现或只单独呈现时更佳,此结果符合梅耶所提出的空间接近原则。然而,高专业知识学习者的学习情况则刚好相反,在实验中发现他们在单独呈现图表时学得最好,亦即支持了以多媒体学习认知理论为基础的多媒体呈现方式对缺乏经验的学习者比对有丰富经验的学习者更重要的结论。王铭山(2008)[96]通过实验来比较不同先前知识程度的学习者在多媒体学习结果上的差异,探讨知识对多媒体设计的补偿作用。实验结果发现,不同先前知识程度的小学生在多媒体学习结果上没有显著差异。低先前知识者的形式原则多媒体设计效果未强于高先前知识者;而重复原则多媒体设计效果则强于高先前知识者。对高先前知识程度者而言,先前知识对不同多媒体呈现方式未具补偿作用。而为检验多媒体原则是否对低先前知识和高先前知识的学习者有不同的学习结果,总而言之,以上实验结果与多媒体学习认知理论的主张一致,它指出先前知识可补偿教学媒体信息设计不良的效果,高先前知识学习者从不良到良好的教学信息设计都有好成绩,而低先前知识学习者当教学信息设计不良时成绩较低,教学信息设计良好时成绩较高,这表示低先前知识学习者比高先前知识者从教学信息设计的改进中获益更多，但仍需要使用不同原则和教学媒体材料进行更多的佐证研究。

综上所述，在绝大多数多媒体学习实验研究中学习者个体特征是作为控制变量来考虑的，如梅耶等人的实验中，所选用的被试都是空间能力高、先前经验低的学习者。越来越多的研究者认为多媒体学习中个体特征差异的研究应该成为下一代多媒体学习研究的重点，并且已经有一些学者开始在这方面进行大胆的尝试，尽管研究结果往往都存在着相互矛盾的现象，但是基于学习者个体特征的多媒体学习研究仍然值得进行深入分析和验证。

3. 教学策略因素与多媒体信息表征对学习效果的影响研究

数字化环境下，教学者将多媒体信息呈现融入具体学科教学的策略方式对学习者的学习效果来说也是非常重要的。如何在具体的学科教学中，在自然的课堂学习或网络学习情境下，通过多媒体学习来提升和加深学习者学习成效是当前教学策略研究和多媒体学习研究的重要关注点。一般而言，在具体学科教学活动中，教师运用多媒体信息呈现方式的教学策略可分为三种[97]：问题解决式教学策略、主题探究式教学策略和合作讨论式教学策略。目前，在多媒体学习研究的教学应用领域，研究比较多的是问题解决教学策略与多媒体学习效果的研究。所谓的问题解决是为了使现阶段自己所处状态或成果与预期目标达成一致，而运用所学的知识、经验、技术，配合分析、判断的技巧，以使所遭遇问题得以顺利排除的方法或过程[98]。因此，问题解决教学策略是一种以问题解决为主，以学生思维能力发展和应用能力提升为中心来建构的教学活动方式。传统的教学策略一向以灌输知识为重心，学生只被动接受知识，缺乏灵活有效地运用知识的习惯。但是，在问题解决教学策略环境中，教师的职责即在指导学生解决问题，培养独立判断思考、发现事实的能力，并养成审慎求证、客观评鉴的科学态度。邓铸（2003）[99]、王宗霖（2009）[100]、袁维新（2010）[101]研究表明相对于传统知识灌输式的教学策略，问题解决教学策略实施下的学习者多媒体学习效果明显要优于前者，而且学习者的学习动机和学习满意度都明显优于传统知识讲授式教学策略。综上所述，当前对于多媒体学习研究中对教学策略的分析研究还非常的稀少，究其产生的主要原因是教学策略的发挥往往需要在自然的教学环境中进行,而不是在严格的实验室控制中进行,而要在自然的课堂学科教学中实施严格的实验控制相对起来还比较困难。

(四) 多媒体学习研究内容的整体评析

通过上面的研究综述,可以看出多媒体学习研究是一个庞大而复杂的研究领域。尽管相关研究已经持续了近半个多世纪,但是整体上来讲,研究还只是处于刚开始阶段,尤其是伴随着新兴学习技术或设备等的飞速发展,新教学媒体工具层出不穷,而这些新教学媒体工具教学应用会产生新的学习形式,这些新学习形式迫切地需要人们能够从心理机制上对其进行全面而清晰的阐述。影响多媒体学习成效的因素不仅有来自媒体形式自身设计属性因素,也有来自于学习者本身的特质,如认知形态及其与学习环境的整体互动等。从已有的研究结果来看,多媒体学习效果的好坏取决于媒体信息呈现方式、教学设计方式、学习者个人特征和教学策略四者的综合交互作用。

在当前的研究中,对媒体信息呈现方式的研究主要是以动画加解说作为基本信息表征单元来进行相关的实验验证和教学应用分析,对动画多媒体学习研究还只是刚刚起步,还有诸多的问题有待于澄清和证明;对教学设计方式的研究更加细化,注重从知识信息组织的细微特征、教学知识信息组织与活动过程实施的一致性和学习过程支持服务方式三个方面来展开,这个方向也只是刚刚起步;对学习者个体特征与多媒体学习效果的分析研究,这个方向已经成为当前多媒体学习研究领域中最活跃的一个方向,如何从更系统和更深入的学习者个体特征来分析多媒体学习效果,还有待于继续深入研究;教学策略与多媒体教学效果的分析研究这个方向也还只是刚刚萌芽,因为这个研究方向要求学习效果的分析必须在自然的课堂学习发生自然情境中进行,要求研究必须从实验室走到实际课堂教学情境中来,尽管面临的困难重重,但是其深刻的研究意义和现实价值能够使这个方向成为未来多媒体学习研究领域的新热点。通过上面的综述,从国内外学者对多媒体呈现方式对学习者学习效果的影响结果并无一个一致的定论。但可以确定的是,任何多媒体信息呈现方式的采用,都应该考虑到学科知识的教学设计特性及学习者个体特征及相应的认知需求，因为如果媒体设计或选用不当，很有可能会使媒体的特性尽失或造成干扰，分散学习者的学习注意力，降低学习的成效。因此，如何正确且有效地利用多媒体，将教学信息正确地传达，使学习者的学习更加有意义和高效，是广大多媒体设计者、教学者和研究者所共同面临的一个非常重要且迫切需要解决的现实研究课题。

三、动画情境下多媒体学习的研究方法

（一）实验室实验法

1. 基于反应时和正确率的认知行为实验研究范式

在国内，陈琦、刘儒德等专家学者曾对多媒体环境下的学习过程和效果做了一系列的实证研究，内容涉及多媒体环境下的自我调节学习、概念图导航等。但总体来讲，目前我国关于多媒体学习的研究还很薄弱，尤其缺少基于效果实证研究的成果。大多数关于多媒体学习书籍都是在用很大篇幅来讨论媒体技术本身的运用问题，如音频处理、视频处理、图片制作和网络平台建设等。在理论方面还大都只是泛泛地对行为主义、认知主义、建构主义等宏观一般性学习理论进行介绍。在中国学术期刊全文数据库以"多媒体学习""多媒体学习研究"为检索项搜索到的文献大部分也都是一些基于一般学习理论或个案经验的推论。相比之下，国外（主要是美国）关于多媒体学习的研究起步较早，成果相对比较丰富。在20世纪80年代之前，多媒体技术还没有大规模应用到教育领域时，许多研究者已经做了不少尝试来理解学习者整合多样式信息的过程机制。在当前众多的国际研究者当中，美国加州大学圣芭芭拉分校心理学教授梅耶是一个代表人物[102]。其从上世纪90年代初开始，带领一个由认知心理学家、教育技术专家和计算机科学家组成的多学科团队对多媒体学习进行了一系列深入细致的研究。在多媒体学习的心理机制研究方面，他更是国际上公认的权威。目前，多媒体学习研究领域两本最具影响力的著作《多媒体学习》和《剑桥多媒体学习手册》都是由他编著的。在过去20年里，梅耶和他的同

事已经进行了 100 多次实验。这些实验通常采用的是传统的基于反应时和正确率的认知行为实验研究范式。一般采用的是对照组准实验设计，实验时被试被随机分配到实验组和控制组中，其中实验组被试学习的材料除了采用将要被检验的多媒体设计特征处理，在其他方面同控制组学习的材料相同。而控制组被试学习的材料没有经过将要被检验的多媒体设计特征处理。每次实验结束后，梅耶都会对两组被试的学习结果采用相应的测验来进行测量，并对被试反应时和正确率的测量结果进行统计分析以说明或进一步探索这些结果的含义。值得注意的是，梅耶通常都是使用多个实验来对同一个问题进行研究。测量学习结果的两种经典方式是保持测验和问题解决迁移测验。前者集中于对知识记忆的测量，后者集中于对知识理解应用的测量。梅耶在实验中所采用的学习材料或内容主要集中于一种类型，即关于系统如何工作的科学解释（原理性概念）。科学解释是对系统如何工作进行因果说明，通常这些系统是由一系列相互作用的部分所组成，系统中一个部分的变化，会引起另一个部分的变化，并且这一变化是受某种原理所支配。例如，在闪电形成过程中，地面的冷空气受热会上升等。目前，无论是国内还是国外的研究，都基本上是按照梅耶团队的实验研究范式进行，即通过严格的实验设计来对多媒体学习过程的理论预测模型进行检验。

2. 基于眼动追踪的认知行为实验研究范式

在最近几年的多媒体学习研究中，开始出现使用眼动仪等现代科学仪器设备与技术对学习过程中认知资源分配情况进行研究。该研究范式主要是基于梅耶的多媒体学习认知理论观点，通过使用眼动仪来重点探讨学习者的科学知识建构、概念重建、科学推理及问题解决过程机制，进而来深入分析双重或多重信息表征模式可以促进学习者科学概念或过程学习成功的原因。张格瑜和佘晓清（2008）[103]通过眼动仪来研究大学生学习细胞扩散与渗透概念的过程，研究发现不同学科背景的大学生其眼球注意力分布与其概念的建构有密切的关系。生物学科相关背景大学生在关键区的注视点平均时间较长，尽管有时也会观看文字区，但是他们的视线轨迹大部分都在观看关键区；理工学科相关背景大学生的视线轨迹显示其大部分时间都在观看动画区和关键区；人文学科相关背景大学生的视线轨迹大部分时间都停留在文字区和关键区的文字部分。比约恩（Bjorn）（2009）[104]等人利用眼动分析技术研究发现，采用多媒体信息呈现材料进行学习时，学习者对文字部分的观看时间明显高于对图片的观看时间。同时，学习者在页面上搜寻相关信息时，通常使用文字来定位，用文字来建构意义，而对于图片则主要是用来验证以及加强意义联结。布谢（Boucheix）和洛威（Lowe）（2009）[105]也是利用眼动仪的视线跟踪技术来研究复杂画面学习，对比分析学习者的内部表征与外部表征之间的差异，揭示了学习者个体在眼动行为上的内外加工协调一致的基本心理机制和过程。总之，该研究范式还只是刚刚起步，但是却处于快速发展过程之中。其主要是要实现尽可能深入追溯或还原多媒体学习内部心理过程机制的研究目的，为此而来充分发挥眼动仪等先进研究仪器工具的还原性。

（二）自然实验法

自然实验法是指在自然的情况下，即教育情境下创设控制某些信息，以引起某种心理活动并对其进行研究。自然实验法是通过在日常学习条件下给定、增加或移去某些条件，比较不同条件下各实验组或实验对象的结果，进而以了解被试的心理反应和心理活动状况[106]。何秋萱（2004）[107]采用自然实验法研究探讨 Flash 动画对中学生遗传概念改变的影响，研究时先选择实验班和对比班并对被试进行实验前测，然后控制诸如学生个体差异、教学环境等无关因素并进行教学实验。实验后将实验班与对比班进行比较后得出数据，并根据数据处理结果得出结论。研究发现，动画确实能够对学习者的学习有帮助，尤其是动画可动态模拟减数分裂的过程。比特朗古特（Betrancourt）（2005）[108]通过自然实验法进行动画教学应用研究，总结实验组和对比组的相关数据后指出，动画多媒体教学信息设计原则除了之前研究者提出的适合一般多媒体教学的邻近原则、通道原则和信号原则，还将有教学动画的专属设计原则。总之，由于自然实验法既能够拥有并发挥观察法的自然性和经济性优点，又能具备实验室实验法的主动性和精确性特点，因此，所得到的数据结果能够更贴近现实学科教学环境中被试的正常反应，所得出的结论也具有较大的外部效度或外部解释力。自然实验法具有较强的主动性、目的性和系统性，在多媒体学习研究中的

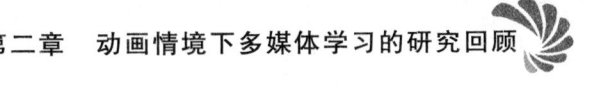

应用范围非常广泛。

（三）多媒体学习研究方法的整体评析

当前，国内无论是在教育技术学领域，还是在教育心理学研究领域，科学严谨规范的多媒体学习实验研究还不多见，已有研究大多停留在两个层次[109]：哲学思辨层次和经验总结层次。哲学思辨层次虽然可以拓展人们观察多媒体技术的视角和深度，改善多媒体学习研究者的思维，但哲学是不能直接用来解决科学问题的。也就是说，对多媒体技术的哲学思辨可以为多媒体学习理论研究提供思想引导，但多媒体学习基础理论仍然需要在规范、深入的研究基础上进行概括与总结。经验总结为多媒体学习研究的开展提供了诸多可供借鉴的丰富生动的感性信息，但经验只有经过思维抽象上升到理论的高度才能形成具有一定普遍意义的理论，也才能更广泛和深入地指导多媒体学习。因此，在科学严谨实证层次上对多媒体学习原理机制进行实验研究是十分必要和迫切的。

实验研究可以帮助研究者控制影响实验的干扰变量，且能较精确地探索自变量与因变量之间的因果关系。通过实验室实验法，研究者可以自由地操控实验变量，因而能够较精确地探讨自变量与因变量之间的关系，所以实验室实验法常能够使研究产生较高的内部效度。然而，由于实验的情境完全受到人为的操纵导致不能完全符合外部环境，且由于受测样本数量较少容易缺乏代表性等因素，使得研究结果较难推广到一般情境中的实际活动中来，所以容易降低研究的外部效度。而自然实验法由于实地自然环境中无法掌握的变量太多，使得研究者无法精确控制各种变量，进而会导致研究的严谨性不够，然而却因为在现实的自然情境中进行，所以研究所得的实际应用价值较大、外在效度较高。且应用实地实验法于教学上有其特别的优点，因为部分的学校进行此类研究时，其所需的情况与实际教学情况并无太大差异，实地实验也非常有助于实际教学问题的解决。

动画情境下多媒体学习研究呈现出深深的认知心理实验研究范式印记：通过严格实验设计来控制动画媒体信息表征样式等相关自变量，进而来观察是否能够得到有利于学习效果因变量提高的各种效应。如谢明勋（2000）[110]进行了网页中动画分布位置与阅读绩效的实验研究。首先通过文献探讨寻找出可能的影响因素来设计实验材料与步骤，然后设计一个包含九个位置等级的单因子实验设计。实验时让网页中不同位置的动画围绕经过随机数出现的九个英文字母，让具备一定阅读能力、视力和网页经验的小学生来阅读，同时记录阅读时间，并在阅读之后进行正确率测验，同时也对他们关于网页阅读疲劳度的主观评比调查。传统认知心理实验研究范式下的动画多媒体学习正日趋成熟，从动画多媒体形式对学习者学习成绩（记忆成绩、保持成绩）和学习态度的影响分析，正拓展到更为深入的研究层次，如动画多媒体学习与认知负荷、动画多媒体与空间记忆等。但同时，又受到新实验技术和方法发展的影响而动画多媒体学习研究又呈现出新的研究范式。其中，当前动画多媒体学习研究中正在兴起的新研究方法是基于眼动行为数据分析的实验研究。蔡金成、佘晓清（2009）[111]运用眼动分析法对小学科学与非科学教师在电流动画学习时的注意力分布与概念建构关系进行了实验研究，主要探讨电流概念相关多媒体动画对教师电流另有概念学习成效的影响，并进一步以眼动分析技术探讨不同学科背景教师，在观看动画教学时眼球注视点次数、注视时间和视线轨迹的差异，以及其眼动与概念建构间的关系。综合以上的分析讨论，在多媒体学习研究中需要更多利用实地自然实验法来进行研究，或者是在实际研究中将实验室研究和自然实验研究有机结合起来。同时，应积极顺应实验技术的新发展，积极采用新的眼动技术来加强对多媒体学习机制的深入研究。

第三章　动画情境下多媒体学习研究的总体设计

多媒体学习效果与多样式信息表征设计的质量息息相关，如何以媒体使用者即学习者为中心，为其设计出适合相应课程知识概念的多样式信息呈现形式，一直是广大研究者和教师共同努力实践的方向。因此，如何掌握多媒体学习信息呈现设计质量是值得深入研究的课题，这个课题的解决尤其依赖于多样式表征对学习者认知过程影响的严格系统研究。除此之外，由于学习者之间存在着明显的个体差异，再加上不同的学科知识对学习者所要求的背景知识和技能往往不同，以及教师设计信息表征时所采用教学策略的不同，就会造成这样的现象：即使严格遵循多媒体信息呈现设计原则开发出来的相关教材，在针对不同使用者、不同学科知识领域和不同教学策略时，仍然还会出现迥然不同的影响效果。要解决这个问题就需要在更宏观系统的角度下开展多媒体学习研究。

一、研究问题的提出

通过前面的文献综述，目前可以看到国内外关于动画情境下多媒体学习研究主要是从三个层级上进行：技术层级、符号层级和心理层级。第一，技术层级是指着眼于将多媒体作为制作和传递动态信号的技术设备，主要研究具体的多媒体设计制作技术发展及应用，研究具体某项媒体自身内在设计属性的完善发展，例如如何更好地完成媒体人物的造型等；第二，符号层级是指信号的类型和信息的传播过程，即在多媒体中什么内容在发生变化、如何变化，例如运动变化、形态变化、观察角度变化等，主要是把多媒体作为一种符号表征形式并研究其能否成为当前数字化环境下教学信息传递的基本单元，以及如何使用这些媒体来提高学习者的学习效果；第三，心理层级是指当观察并理解多媒体时学习者内部所发生的认知过程，主要是研究作为教学信息表征形式的多媒体具体是如何影响着学习者的内部认知过程，如感知觉、记忆、思维和问题解决等。通过对这三个层级的分析，当前关于多媒体学习研究和教学应用设计观点已由传统偏技术设备应用角度转变成重学习者学习促进的角度，即研究者们最主要关心的是多媒体何时以及如何促进了学习者的内部学习过程。因此，首先，多媒体作为一种信息呈现方式其作用的发挥需要与学习材料的性质分析相结合。其次，多媒体作为一种信息呈现方式（符号表征形式），要实现好的学习效果就要与教学内容设计方式相关联。只有不同媒体形式与适当的教学内容信息设计方式相结合，才能使学习者产生良好高效的学习结果。再次，需要在研究内容上将媒体信息呈现方式与学习者个体特征相结合展开研究，弄清楚不同个体特征下的多媒体学习特点。最后，教师将多媒体教材融入具体学科教学的策略方式也会对学习者多媒体学习效果产生重大影响，因此，有必要将多媒体信息呈现方式与教学策略实施方式相结合展开研究。总之，无论是从媒体自身属性还是从外在影响条件，关于多媒体学习研究的整体框架还没有完全形成，尤其是关于动画（动态多重表征）下的多媒体学习体系。当前，国内还没有相关的实证研究来证明比较动画教材与图文教材之间的学习效果差异，更没有确切的关于动画是如何促进学习者内部学习过程机制的相关实验研究。考虑到现有的多媒体学习研究框架和研究内容体系，关于动画情境下多媒体学习效果的研究主要解决这个问题：动画情境下多媒体信息呈现方式与哪些因素发生作用共同影响学习者的学习效果？简言之，动画多媒体是在何时何地发生什么样的过程来促使学习者产生良好的学习效果。

二、研究设计

（一）研究内容

在以往的多媒体学习研究中，学习材料性质、教学内容设计方式、学习者自身个体特性和教师教学策略因素往往都被当成控制变量加以严格控制而不计入到最终实验结果中。因此，为了有效地完成研究问题的解决，本研究对不同空间认知能力的被试实施不同教学内容设计形式和不同教学策略下的动画多媒体学习，并评估它们对被试学习成绩（识记成绩和迁移成绩）、学习时间和眼动行为的影响。分别研究分析动画多媒体信息呈现方式下影响学习效果的四个因素：学习材料性质、学习内容组织形式（教学设计因素）、学习者个体特征和教学策略。总之，本研究希望以多媒体学习认知理论为基础，借由操弄不同的多媒体信息呈现方式，在充分考虑学习材料性质、学习者自身特性和教学内容设计方式、教师教学策略因素相互作用的基础上，通过传统认知行为研究与眼动行为研究相结合的方式，来构建出一个能够更整体、更系统和更深入审视动画多媒体学习效果的研究体系。本研究的整体设计架构如下图 3-1 所示：

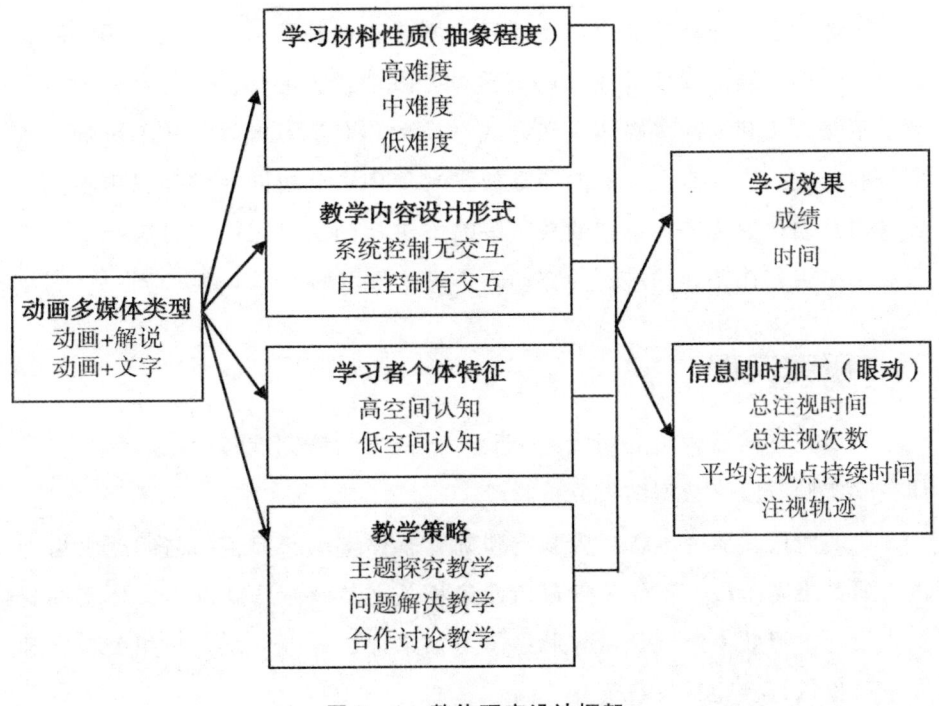

图 3-1　整体研究设计框架

（二）研究方案

围绕着动画多媒体学习效果的四个影响因素，总研究共包括四个子研究项目。其中，研究一为不同学习材料性质（知识抽象程度）与多媒体信息呈现方式（类型）对学习效果和眼动行为的影响研究。主要研究不同抽象程度的学习内容在不同多媒体信息呈现形式下学习者的学习效果和对信息进行即时加工的眼动行为状况，进而探究计算机环境下动画＋解说形式能否成为基本的信息表征单元；研究二为不同教学内容设计形式（教学设计因素）与动画多媒体呈现方式（类型）对学习效果与眼动行为的影响研究。主要研究不同学习内容设计形式尤其是当学习内容与学习者之间能够进行交互时，学习者动画多媒体学习效果及眼动行为情况；研究三为不同学习者个体特征（空间认知能力）与动画多媒体呈现方式（类型）对学习效果与眼动行为的影响研究。主要分析以空间认知能力为代表的不同学习者个体特征与动画多媒体信息呈现方式对学习者学习效果的影响，分析传统多媒体学习空间认知能力个体差异原则是否在动画情境下也适用，同时也分析不同动画多媒体呈现方式下学习者眼动行为的特征；研究四为不同教学策略方法和动画多媒体呈现方式（类型）对学习者学习效果影响的教育实验研究。主要是在自然的课堂教学环境中，分析同一教师采用不同多媒体信息表征形式，在不同的教学策略下讲授同一学习内容时所产生的学习效果是否存在差异，进而探究动画多媒体学习的教学策略效应。

三、研究流程

总研究整体流程可规划成三个阶段，依次为研究准备阶段、动画多媒体教学实验阶段、数据结果分析阶段。

第一阶段：研究准备。先制定和确立整体实验研究目的与问题之后即进入研究准备阶段，工作项目包括搜集相关文献及制作动画多媒体实验材料，设计学习效果测试题目与最终学习结果评价标准体系，与相关教师和专家讨论进行实验材料修改并定稿。

第二阶段：动画多媒体教学实验实施。这一阶段主要是进行相关主题概念的动画多媒体学习实验，在实验时使用眼动仪记录被试的注视点次数、注视时间与视线轨迹等眼动数据。具体来讲包括下列环节：在实施动画教学前，先面向被试做质性测试，以考察了解不同个体特征的被试在学习不同材料性质和教学内容设计方式下对要进行动画多媒体学习的主题概念认识是否有差异。而为了进一步了解不同个体特征被试的多媒体认知情形，在接下来的研究中，被试在使用多媒体信息呈现材料学习时记录其注视路径（轨迹）与注视时间等眼动数据。为更深了解动画多媒体教学是否有助于被试的相关主题科学概念的建构，在动画教学活动完成后立即进行相应内容的学习效果测试。

第三阶段：数据分析。将研究期间所搜集到的所有数据进行汇总分析，并撰写相关的结论报告。

研究整体工作流程如下表3－1所示：

表3－1 研究整体工作流程

流程阶段	具体研究工作内容
研究准备	1. 收集相关文献资料，以及可供使用的具有较高信度的测试问卷
	2. 设计和开发各种研究材料工具
	3. 规划多媒体教学过程和学习实验过程
动画多媒体教学与学习实验实施	1. 教学内容设计
	2. 学习前测（了解被试个体差异和原有知识背景水平并对不同被试进行同质分组）
	3. 多媒体学习实验实施，同时采用眼动仪记录被试各种眼动数据（主要是注视点次数、注视时间和眼动轨迹等参数）
	4. 多媒体教学实验实施
	5. 学习后测（了解学习者多媒体学习绩效）
数据分析	1. 数据的整理与分析
	2. 研究结果讨论
	3. 撰写研究结论和整体研究报告

第四章 动画情境下多媒体学习的实验研究

一、学习材料性质与多媒体类型对学习效果影响的眼动研究

（一）研究目的与假设

探讨图片+文字、动画+解说和动画+文字三种多媒体信息呈现方式在高抽象程度、中抽象程度和低抽象程度三种不同学习材料性质下学习者的学习效果和眼动行为差异。围绕上述研究目的，研究的假设主要有：（1）不同多媒体类型下学习者的学习效果有显著差异；（2）不同多媒体类型下学习者的眼动行为有显著差异；（3）不同学习材料性质（抽象程度）下学习者的学习效果有显著差异；（4）不同学习材料性质（抽象程度）下学习者的眼动行为特征有显著差异；（5）不同多媒体类型下学习者对多媒体信息加工的眼动行为与学习效果存在一定的联系。

（二）研究方法

1. 被试：从辽宁师范大学计算机与信息技术学院计算机应用技术专业一年级共256名本科学生中随机选取90名来做被试，其中男生60人，女生30人，年龄在18～20岁之间，平均年龄为19.13岁，所有被试视力（或矫正视力）正常，能熟练进行计算机操作且均为自愿参加。

2. 实验设计与材料：采用3（多媒体类型）×3（学习材料性质）的两因素完全随机实验设计，多媒体类型：图片+文字组、动画+解说组和动画+文字组；学习材料性质：高抽象程度组、中抽象程度组和低抽象程度组。作为因变量的学习者学习测试结果包括学习效果（学习成绩和学习时间）和眼动指标（注视次数、总注视时间、注视点持续时间和眼动轨迹）

两大类。实验材料是国内外相关研究普遍使用的学习主题:《闪电的形成》概念。关于闪电形成的过程一共包括八个关键步骤:(1)靠近地面流动的空气受热后变热并上升;(2)上升的热空气中水分凝结形成云,超过冰点线后水分在云中形成结晶;(3)水滴和冰晶下降;(4)形成下行风,撞击地面产生正负电荷;(5)云内水汽与冰晶碰撞形成正负电荷,负电荷降到云层底部;(6)先导闪电相遇;(7)负电荷向下冲;(8)正电荷向上冲,两种电荷相遇产生更强闪电。首先根据学科知识专家和教育专家的建议,将实验材料依据包含关键步骤的多少划分成三种不同抽象程度的学习材料:高抽象(8个步骤)、中抽象(6个)和低抽象(4个)。然后分别针对不同性质的学习材料采用 Flash 软件设计开发三种类型的多媒体信息呈现形式:图片+文字、动画+解说和动画+文字。

3. 实验仪器与过程:本实验主要是用采集频率为 60Hz 的 ASL 504 型眼动仪来记录被试的眼动数据。系统是由一台酷睿Ⅱ内存 2.4G 计算机控制,所有刺激呈现在 19 英寸彩色显示器中央。屏幕分辨率为 1024×768,刷新频率为 100Hz。实验时,被试眼睛与屏幕中央距离为 60cm,当眼睛在一个点停留达 16ms 时,眼动仪便将其记录为一个凝视点,眼睛在一个点停留超过 100ms 时,便记录为一次注视。用 Gazetraker 3.12 软件运行各实验程序并同时记录被试的各种眼动数据。

整个实验过程分为练习和正式实验两个阶段。练习阶段:首先向被试说明本实验为非侵入性的,使其心情放平静。然后主试说明多媒体学习效果的判断标准,指导被试操作并佩带好耳机后,呈现指导语"这是一个多媒体学习实验,当不同形式的多媒体学习材料呈现出来后,请您尽快理解并掌握,学习结束后请回答相应的测试题,如果已经清楚实验过程,请按空格键开始"。确认被试充分理解实验操作流程和测试方法之后方可开始正式实验。正式实验阶段:(1)呈现指导语(同练习过程的指导语);(2)在计算机屏幕中央呈现一个"+"作为注视点(持续 2s);(3)计算机屏幕中"+"消失,并出现相应的多媒体画面,同时耳机中会根据需要情况出现相应的解说。多媒体画面播放完毕后,屏幕会再次出现"+"注视点,眼动行为记录结束。同时,计算机屏幕上会出现相应的测试题目,被试认为自己能够完全回答时再次按空格键,学习时间总计时结束,同时回答测试问卷，回答结束后即完成一次实验。接着重复上述实验步骤直至整个实验结束。

（三）结果与分析

1. 多媒体学习的眼动轨迹

本实验中，被试对不同类型多媒体信息呈现下学习材料内容的眼动轨迹存在着明显不同，并且呈现出"双重情境性"：在动画＋解说模式下的被试眼动轨迹主要是以动画（目标物的活动轨迹）为主，以解说信息为辅助信息进行补充；图片＋文字和动画＋文字模式下被试眼动轨迹主要是以文字为主，图片或动画作为重要的辅助信息进行补充。具体如下面系列图4－1、4－2、4－3所示：

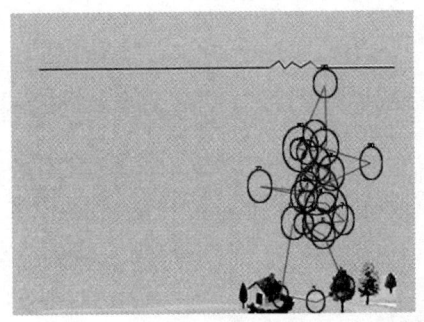 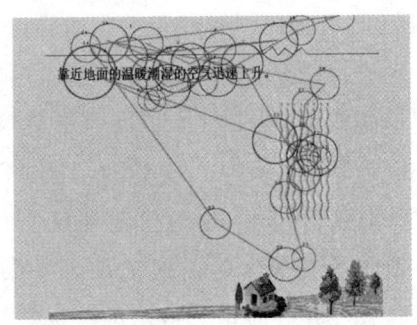

图4－1 动画＋解说形式下的眼动轨迹　　图4－2 图片＋文字形式下的眼动轨迹

图4－3 动画＋文字形式下的眼动轨迹

同时,也可以看到在动画+文字、图片+文字形式下被试视线是在动画区域和文字区域之间来回"切换",这表明不同多媒体形式下被试对信息的加工需要文本信息和画面信息的整合。

2. 多媒体学习的学习成绩与学习时间

对被试的学习测试结果进行统计,一共8个题目共25分,答对一个要点记1分,答错记为0分,记录每个被试的总得分。同时,利用Flash软件设计开发的多媒体学习程序对学习时间自动记录,之后用SPSS17.0对学习成绩和学习时间进行统计分析。其中,对被试学习成绩情况进行统计,结果如下表4-1所示。

表4-1　不同被试多媒体学习的得分情况（M±SD）

多媒体类型	学习材料性质	学习成绩（分）
动画+解说	高抽象度	17.90±1.197
	中抽象度	18.90±1.197
	低抽象度	19.80±1.316
图片+文字	高抽象度	17.50±0.707
	中抽象度	18.10±0.876
	低抽象度	18.70±1.160
动画+文字	高抽象度	16.80±0.632
	中抽象度	17.30±0.823
	低抽象度	17.80±1.135

表4-1显示,不同抽象程度性质的学习材料所产生的学习成绩有不同差异,无论是哪种多媒体类型,低抽象程度组的成绩均高于中等程度组的,而中等程度组的又高于高抽象程度组的成绩。同理,不同多媒体类型所产生学习成绩也有不同差异,无论是哪种抽象程度的学习材料,动画+解说组成绩均高于图片+文字组,而图片+文字组又高于动画+文字组。

为进一步判断不同差异的具体状况,以学习成绩为因变量,进行3（多媒体类型）×3（学习材料性质）的两因素完全随机实验方差分析,结果发现多媒体类型变量的主效应显著,$F(2, 81) = 17.300$,$P<0.01$,

表明不同多媒体类型对被试学习成绩有显著影响。对数据结果进行成组多重事后比较结果发现，动画＋解说与图片＋文字组、动画＋解说与动画＋文字、图片＋文字与动画＋文字组被试学习成绩的差异显著。同时，也发现学习材料性质因素的主效应显著，$F(2, 81) = 13.166$，$P<0.01$，表明不同抽象程度的学习材料性质对被试学习成绩也有显著影响。对数据结果进行成组多重事后比较发现，低抽象程度与中抽象程度、低抽象程度与高抽象程度、中抽象程度与低抽象程度被试的学习成绩差异显著。最后，多媒体类型和学习材料性质对被试学习成绩的交互作用未达到显著水平，$F(4, 81) = 0.527$，$P>0.05$，这表明多媒体类型在学习材料性质不同水平上对被试学习成绩的影响是一致的。

对被试的学习时间进行统计分析，结果如下表4-2所示。

表4-2　不同被试多媒体学习的时间情况（M±SD）

多媒体类型	学习材料性质	学习时间（s）
动画＋解说	高抽象度	237±39.735
	中抽象度	192±24.855
	低抽象度	184±30.258
图片＋文字	高抽象度	250±3.162
	中抽象度	236±3.373
	低抽象度	211±2.961
动画＋文字	高抽象度	272±13.984
	中抽象度	260±24.944
	低抽象度	259±31.073

由表4-2可知，不同抽象程度性质的学习材料和不同多媒体类型对被试学习时间产生不同的影响。无论是哪种抽象程度性质的学习材料，动画＋解说组时间均短于图片＋文字组，而图片＋文字组又短于动画＋文字组，这表明不同抽象程度性质学习材料下被试多媒体学习时间有差异。同理，无论是哪种多媒体类型，低抽象程度组的时间均短于中抽象程度组的，而中抽象程度组的又短于高抽象程度组的，这表明不同抽象程度性质

第四章 动画情境下多媒体学习的实验研究

下被试多媒体学习时间有差异。

进一步以学习时间为因变量，进行3（多媒体类型）×3（学习材料性质）的两因素完全随机实验方差分析，结果发现多媒体类型变量的主效应显著，F（2，81）=30.073，P＜0.01，表明不同多媒体类型对被试学习时间有显著影响。对数据结果进行成组多重事后比较结果发现，动画+解说与图片+文字组、动画+解说与动画+文字组、图片+文字与动画+文字组被试学习时间的差异显著。同时，也发现学习材料性质因素的主效应显著，F（2，81）=25.981，P＜0.01，表明不同抽象程度的学习材料性质对被试学习时间有显著影响。对数据结果进行成组多重事后比较结果发现，低抽象程度与中抽象程度、低抽象程度与高抽象程度、中抽象程度与高抽象程度被试的学习时间差异显著。最后，多媒体信息类型和学习材料性质对多媒体学习时间的交互作用未达到显著水平，F（4，81）=1.719，P＞0.05。

3. 多媒体学习的眼动指标

对被试在动画多媒体学习时的眼动指标数据进行统计，结果如下表4-3所示。

表4-3 不同被试多媒体学习的眼动情况（M±SD）

多媒体类型	学习材料性质	总注视时间（s）	总注视次数	平均注视点持续时间（ms）
动画+解说	高抽象度	110.28±5.044	301.29±24.558	401.87±34.387
	中抽象度	105.56±7.554	273.12±20.209	370.40±49.729
	低抽象度	102.15±2.397	261.47±17.012	347.67±17.243
图片+文字	高抽象度	106.33±4.023	278.55±38.572	375.70±26.899
	中抽象度	103.17±2.406	261.89±12.985	354.47±16.550
	低抽象度	99.60±4.904	248.05±18.679	330.67±32.521
动画+文字	高抽象度	102.39±3.436	261.19±11.811	349.50±22.083
	中抽象度	99.23±3.946	247.61±25.217	328.20±23.877
	低抽象度	93.66±3.539	217.31±15.587	290.73±23.813

从表4-3可看到，对于不同动画多媒体类型和学习材料性质，被试的眼动数据存在一定的差异，其中总注视时间、总注视次数和平均注视点持

续时间都差异较大。

以总注视时间为因变量，进行 3（多媒体类型）×3（学习材料性质）的两因素完全随机实验方差分析发现，多媒体类型变量的主效应显著，$F(2,81)=22.560$，$P<0.01$，表明不同多媒体类型对被试总注视时间有显著影响。对数据结果进行成组多重事后比较以进一步分析具体的差异状况，结果发现，动画＋解说与图片＋文字组、动画＋解说与动画＋文字组、图片＋文字与动画＋文字组被试总注视时间的差异显著。同时，也发现学习材料性质因素的主效应也显著，$F(2,81)=23.998$，$P<0.01$，表明不同抽象程度的学习材料性质因素对被试总注视时间有显著影响。对数据结果进行成组多重事后比较结果发现，低抽象程度与中抽象程度、低抽象程度与高抽象程度、中抽象程度与高抽象程度被试的总注视时间差异显著。最后，多媒体呈现类型和学习材料性质对多媒体学习总注视时间的交互作用未达到显著水平，$F(4,81)=0.285$，$P>0.05$。

以总注视次数为因变量，进行 3（多媒体类型）×3（学习材料性质）两因素完全随机方差分析发现，多媒体类型变量的主效应显著，$F(2,81)=21.027$，$P<0.01$，表明不同多媒体类型对被试总注视次数有显著影响。对数据结果进行成组多重事后比较结果发现，动画＋解说与图片＋文字组、动画＋解说与动画＋文字组、图片＋文字与动画＋文字组被试总注视次数的差异显著。同时，也发现学习材料性质因素的主效应显著，$F(2,81)=22.622$，$P<0.01$，表明不同抽象程度的学习材料性质因素对被试总注视次数有显著影响。对数据结果进行成组多重事后比较以进一步分析具体的差异状况，结果发现，低抽象程度与中抽象程度、低抽象程度与高抽象程度、中抽象程度与高抽象程度被试的总注视次数差异显著。最后，多媒体类型和学习材料性质对多媒体学习总注视次数的交互作用未达到显著水平，$F(4,81)=0.729$，$P>0.05$。

以平均注视点持续时间为因变量，进行 3（多媒体类型）×3（学习材料性质）的两因素完全随机实验方差分析发现，多媒体类型变量的主效应显著，$F(2,81)=22.917$，$P<0.01$，表明不同多媒体类型对被试平均注视点持续时间有显著影响。对数据结果进行成组多重事后比较以进一步分析具体的差异状况，结果发现，动画＋解说与图片＋文字组、动画＋解说

与动画＋文字组、图片＋文字与动画＋文字组被试平均注视点持续时间的差异显著。同时，也发现学习材料性质因素的主效应也显著，$F(2, 81)=24.563$，$P<0.01$，表明不同多媒体类型对被试平均注视点持续时间有显著影响。对数据结果进行成组多重事后比较以进一步分析具体的差异状况，结果发现，低抽象程度与中抽象程度、低抽象程度与高抽象程度、中抽象程度与高抽象程度被试的平均注视点持续时间差异显著。最后，多媒体类型和学习材料性质交互作用对多媒体学习平均注视点持续时间的影响差异未达到显著水平，$F(4, 81)=0.297$，$P>0.05$。

（四）讨论

在不同多媒体信息呈现类型下，学习者的眼动轨迹表现出明显的不同，但是每种类型的多媒体信息呈现又有一定的共性。这说明学习者采用不同多媒体信息呈现形式进行学习时需要特定信息，且要不断地"追踪"，学习者在追踪特定信息的过程中，不是随机观看的，而是有一定规律的。这种规律是无文字伴随的动画多媒体中学习者主要追踪动态画面中目标物的变化或活动轨迹，而有文字伴随的图文结合和动画＋文字多媒体中学习者主要追踪文字信息。即在动画＋解说情境下，学习者主要是以动画（目标物的活动轨迹）为主，解说信息为辅，而在图文结合和动画＋文字模式下学习者对信息的加工主要是以文字为主，图片或动画是作为重要辅助信息来进行补充。上述实验结果有效地证明了史诺兹（Schnotz）（2002）[112]、洛威（Lowe）（2003）[113]和庄新怡（2005）[114]的研究结论。通过分析眼动轨迹可清晰地看到学习者在面临不同类型多媒体时信息加工模式的明显差异，但同时也可看到不同类型多媒体学习过程的共性：学习者对多重样式表征的信息进行加工时往往都需要将文本（或言语）信息和画面信息进行有机整合[115]。

通过上面学习成绩和学习时间的实验数据可以分析得出，不同多媒体类型下学习者的学习效果（最好学习成绩和最少学习时间）存在着显著差异，动画＋解说组效果好于图片＋文字组，而图片＋文字组更优于动画＋文字组，这充分说明在动画多媒体仍然遵循着传统多媒体学习中的基本效应原则：通道效应原则，即同时使用视听两个通道的学习更有效。这一研究结果与罗伯丽尔（Roblyer）和马歇尔（Marshall）（2003）[116]的研究结论相一致。同时，不同性质（抽象程度）学习材料下学习者的学习效果也有显著差异，抽象程度越高学习效果就相对越弱一些，这也符合梅耶的多媒体学习认知理论观点，因为知识抽象程度越高，学习者学习时需要接受的认知负荷就越大，需要使用的认知活动就越多。需要说明的是本研究表明多媒体类型与学习材料性质（抽象程度）之间对学习效果的影响不存在显著的交互作用，造成这种结果的原因可能是与选择对抽象程度来作为学习材料性质代表有关。

不同多媒体类型和学习材料性质下，学习者的眼动行为特征明显不同且差异显著，这一研究结果与韩玉昌等人（2003）[117][118]、徐晓丽（2001）[119]等的研究结果相似。动画＋解说形式下，学习者的总注视次数最多，总注视时间也最长，平均注视点持续时间也最长。图片＋文字形式次之，动画＋文字形式最短。这一研究结果与林禅（Chan Lin）（2000）[120]和奥兹赛丽卡（Ozcelika）等人（2010）[121]的相关研究结论一致。产生这种结果的原因是学习者在进行多媒体学习时注意力或认知资源分配不均的结果，动画＋解说形式学习者能够获得最大认知资源或注意力，图片＋文字形式次之，动画＋文字形式最弱。同时，也可以发现不同多媒体类型下学习者眼动行为结果能够与常规基于正确得分和学习时间的学习效果研究保持一致，即具有正向关联关系，如动画＋解说形式的眼动行为最优，相应的多媒体学习效果也最佳。因此，眼动行为分析能够从视觉心理更深层次上解释良好多媒体学习效果的产生条件和内部过程机制。

（五）结论

（1）在不同类型的多媒体信息呈现形式中，动画＋解说的学习效果优于图片＋文字，图片＋文字又优于动画＋文字形式。

（2）不同教学材料性质（抽象程度）下学习者的学习效果有显著差异，低抽象程度高于中抽象程度，中抽象程度又高于高抽象程度。

（3）多媒体类型与教学材料性质（抽象程度）对学习者学习效果无明显交互作用。

（4）不同多媒体类型下，学习者的眼动行为明显不同，动画＋解说形式下,学习者的总注视次数最多,总注视时间也最长,平均注视点持续时间也最长。图片+文字形式下次之,动画+文字形式最短。同时,眼动轨迹表明多媒体学习过程具有双重情境性。

(5)在不同类型多媒体下学习者对多媒体信息的眼动行为与学习效果存在着正向关联关系,即眼动行为越优多媒体学习效果就越好。

二、内容设计方式与动画多媒体类型对学习效果影响的眼动研究

(一)研究目的与假设

探讨动画+解说和动画+文字两种类型多媒体在系统控制无交互和自主控制有交互两种不同教学内容设计方式下学习者的学习效果和眼动行为差异。围绕上述研究目的,研究的假设主要有:(1)不同类型动画多媒体下学习者的学习效果有显著差异;(2)不同类型的动画多媒体信息呈现下学习者的眼动行为有显著差异;(3)不同教学内容设计方式下学习者的学习效果有显著差异;(4)不同教学内容设计方式下学习者的眼动行为有显著差异;(5)学习者对动画多媒体信息加工的眼动行为与其学习效果存在一定的联系。

(二)研究方法

1. 被试:从辽宁师范大学计算机与信息技术学院计算机应用技术专业一年级共166名本科学生中随机选取40名被试,其中男生25人,女生15人,年龄在18~20岁之间,平均年龄为19.64岁,所有被试视力(或矫正视力)正常,均能熟练进行计算机操作且均为自愿参加。

2. 实验设计与材料:采用2(动画多媒体类型)×2(教学内容设计方式)的两因素完全随机实验设计,动画多媒体类型:动画+解说组和动画+文字组;教学内容设计方式:系统控制无交互、自主控制有交互。作为因变量的实验测试结果主要包括学习效果(学习成绩和学习时间)和眼动指标(注视次数、总注视时间、注视点持续时间和眼动轨迹)两大类。

实验材料是国内外相关研究普遍使用的学习主题：《闪电的形成》概念。关于闪电形成的过程一共包括八个关键步骤：（1）靠近地面流动的空气受热后变热并上升；（2）上升的热空气中水分凝结形成云，超过冰点线后水分在云中形成结晶；（3）水滴和冰晶下降；（4）形成下行风，撞击地面产生正负电荷；（5）云内水气与冰晶碰撞形成正负电荷，负电荷降到云层底部；（6）先导闪电相遇；（7）负电荷向下冲；（8）正电荷向上冲，两种电荷相遇产生更强闪电。实验材料选题内容同前一研究，但是材料表现形式进行了调整，分别对动画＋解说和动画＋文字两种多媒体形式增加了自主控制功能，以实现被试与教学内容之间的交互。实验材料依然使用 Flash 软件设计开发。

3. 实验仪器与过程：本实验主要是用采集频率为 60Hz 的 ASL 504 型眼动仪来记录被试的眼动数据。系统是由一台酷睿Ⅱ内存 2.4G 计算机控制，所有刺激呈现在 19 英寸彩色显示器中央。屏幕分辨率为 1024×768，刷新频率为 100Hz。实验时，被试眼睛与屏幕中央距离为 60cm，当眼睛在一个点停留达 16ms 时，眼动仪便将其记录为一个凝视点，眼睛在一个点停留超过 100ms 时，便记录为一次注视。用 Gazetraker 3.12 软件运行各实验程序并同时记录被试的眼动数据。

整个实验过程分为练习和正式实验两个阶段。练习阶段：首先向被试说明本实验为非侵入性的，使其心情放平静。然后主试说明多媒体学习效果的判断标准，指导被试操作并佩带好耳机后，呈现指导语"这是一个多媒体学习实验，当不同形式的多媒体学习材料呈现出来后，请您尽快理解并掌握，学习结束后请回答相应的测试题，如果已经清楚实验过程，请按空格键开始"。确认被试充分理解实验操作流程和测试方法之后方可开始正式实验。正式实验阶段：（1）呈现指导语（同练习过程的指导语）；（2）在计算机屏幕中央呈现一个"＋"作为注视点（持续 2s）；（3）计算机屏幕中"＋"消失，并出现相应的多媒体画面，同时耳机中会根据需要情况出现相应的解说。多媒体画面播放完毕后，屏幕会再次出现"＋"注视点，眼动行为记录结束。同时计算机屏幕上会出现相应的测试题目，被试认为自己能够完全回答时再次按空格键，学习时间总计时结束，同时回答测试问卷，回答结束后即完成一次实验。接着重复上述实验步骤直至整个实验结束。

(三) 结果与分析

1. 多媒体学习的眼动轨迹

眼动轨迹能够反映出被试在进行动画多媒体学习过程中的注视活动轨迹，从而可知被试者首先注视的区域、注视的先后顺序、注视停留时间的长短以及视觉是否流畅等。本研究中，不同实验条件下被试的眼动轨迹表现各不相同，有的差异显著，而有的则无明显的差异。具体情况如下面系列图所示。

（1）不同动画多媒体形式下被试的眼动轨迹

① 动画＋解说形式下的系统控制与自主控制，如下图4－4、4－5所示：

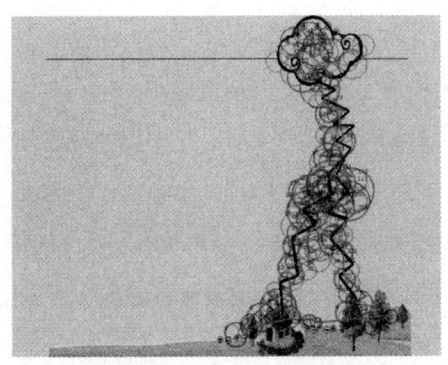

图4－4　系统控制形式

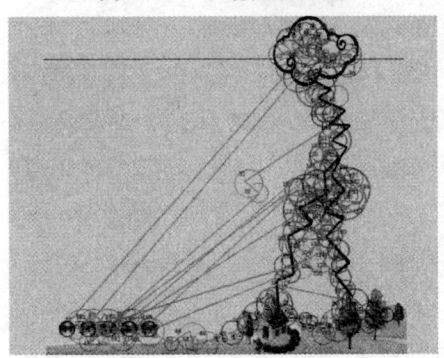

图4－5　自主控制形式

通过上图4-4、4-5可看出,动画+解说媒体形式下系统控制和自主控制两组被试的眼动轨迹存在着显著不同。在系统控制下,被试视线主要是随着动画中目标物的运动轨迹进行;而在自主控制下,被试视线是在动画目标物和交互按钮区之间来回切换。由于自主控制下被试视觉注意力在按钮区域和动画区域之间存在一种"资源竞争"现象,因而整体对信息加工的深度和有效性不如系统控制方式组的。

②动画+文字形式下的系统控制与自主控制,如下图4-6、4-7所示:

图4-6 系统控制形式

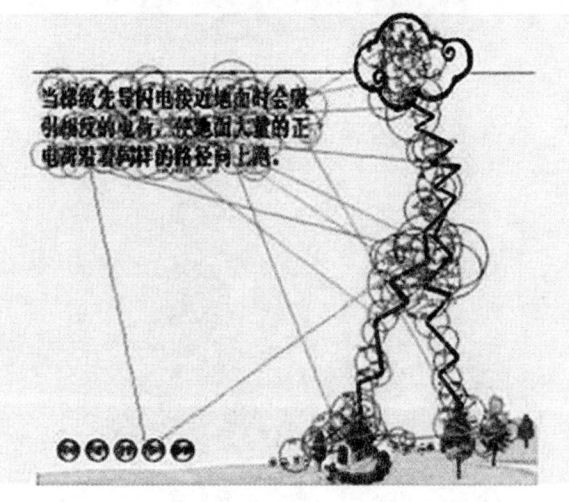

图4-7 自主控制形式

由图 4－6、4－7 可看出，动画＋文字媒体形式下系统控制和自主控制两组被试的眼动轨迹差异不显著。尽管存在着交互按钮区，但是被试在两种控制形式下都把视线主要放在了动画区域和文字区域，且都是以文字区的信息加工为主，动画信息为辅。

（2）不同教学内容设计方式下被试的眼动轨迹

① 系统控制下动画＋解说与动画＋文字，如下图 4－8、4－9 所示：

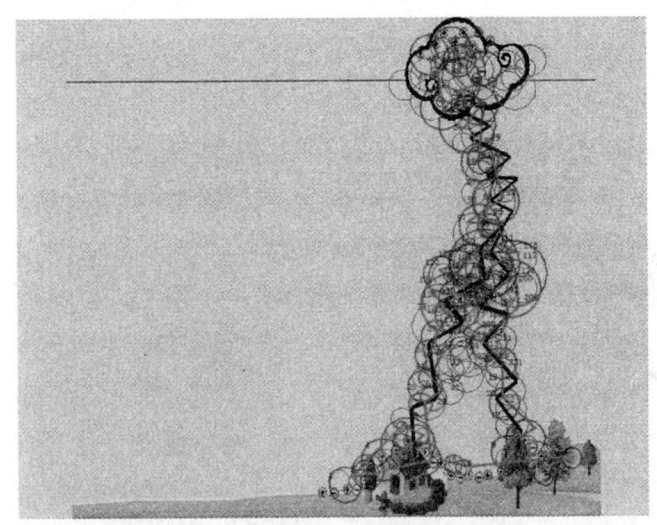

图 4－8　动画＋解说形式

图 4－9　动画＋文字形式

由图 4－8、4－9 可知，系统控制形式下动画＋解说组与动画＋文字组被试眼动轨迹存在着显著不同。动画＋解说组被试视线主要是随着动画中目标物的运动轨迹进行，被试注意力主要分配在动画区。而在动画＋文字组中被试主要是以文字加工为主，动画信息为辅，被试视线在文字区和动画区之间来回切换分配。由于动画＋文字形式被试视觉注意力在文字区和动画区之间存在一种"资源竞争"现象，因而整体对信息加工的深度和有效性不如动画＋解说形式组的。

②自主控制下动画＋解说与动画＋文字，如下图 4－10、4－11 所示：

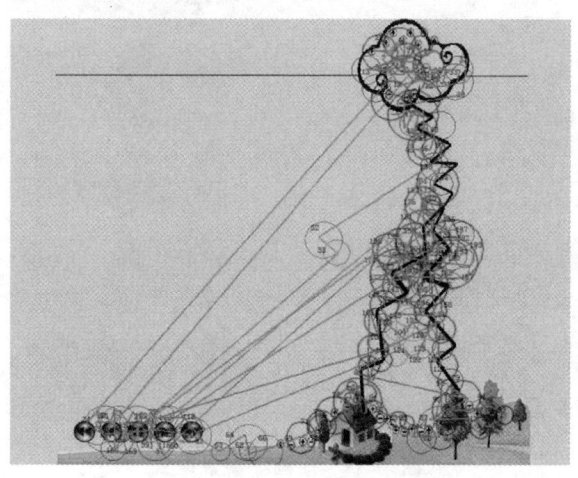

图 4－10　动画＋解说形式

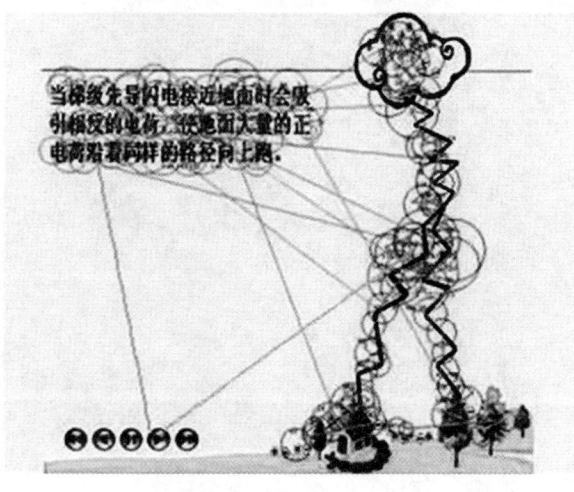

图 4－11　动画＋文字形式

在自主控制形式下,动画+解说组与动画+文字组被试眼动轨迹有不同之处。前者学习者的视线主要是在动画区和交互按钮区,并在两个区域之间来回切换,而在动画+文字形式下,虽然有交互按钮区,学习者的被试则主要集中在文字区和动画区,但是学习者视线还主要是在文字区和动画区之间来回切换。

2. 多媒体学习的学习成绩与学习时间

对被试的学习测试结果进行统计,一共8个题目共25分,答对一个要点记1分,答错记为0分,记录每个被试的总得分。同时,利用Flash软件对学习时间自动记录,之后用SPSS17.0对学习成绩和学习时间进行统计分析。其中,对被试学习得分情况进行统计,结果如下表4-4所示。

表4-4 不同被试多媒体学习的得分情况（M±SD）

动画多媒体类型	教学内容设计方式	学习成绩
动画+解说	系统控制无交互	21.20±1.932
	自主控制有交互	18.00±2.000
动画+文字	系统控制无交互	18.60±2.366
	自主控制有交互	19.80±2.300

以学习成绩为因变量,进行2（动画多媒体类型）×2（教学内容设计形式）的两因素完全随机实验方差分析发现,动画多媒体类型主效应不显著,$F(1,36)=7.148$,$P>0.05$;教学内容设计形式变量主效应不显著,$F(1,36)=0.344$,$P>0.05$;动画多媒体类型与教学内容设计方式两者之间交互作用显著,$F(1,36)=10.396$,$P<0.01$。进一步对交互作用进行简单效应分析发现,两种教学内容设计方式在动画+解说形式下,被试的学习成绩差异达到显著水平,$F(1,36)=7.529$,$P<0.05$,而在动画+文字形式下,被试学习成绩差异未达到显著水平,$F(1,36)=3.479$,$P>0.05$;两种类型动画多媒体在自主控制有交互形式下被试学习成绩差异不显著,$F(1,36)=1.506$,$P>0.05$,而在系统控制无交互形式下成绩差异达到显著水平,$F(1,36)=10.997$,$P<0.01$。这些数据表明,教学内容设计形式与动画多媒体类型对于被试的学习成绩影响存在交互作用,且在不同

的限定条件下有所不同。在不同类型的动画多媒体下,不同的教学内容设计形式产生的学习效果差异显著不同。具体来讲,动画+解说模式下系统控制组的学习成绩优于自主控制的;动画+文字模式下自主控制组和系统控制组的学习成绩差异并不显著。在不同的教学内容设计形式下,不同的动画多媒体类型产生的学习效果差异显著不同。具体来讲,系统控制模式下,动画+解说组的成绩要优于动画+文字组的学习成绩;自主控制模式下,动画+解说组与动画+文字组的学习成绩差异不显著。

对被试的学习时间进行统计分析,结果如下表 4-5 所示。

表 4-5　不同被试多媒体学习的时间情况 （M±SD)

动画多媒体类型	教学内容设计方式	学习时间（s）
动画+解说	系统控制无交互	131.00±9.055
	自主控制有交互	149.90±5.384
动画+文字	系统控制无交互	156.30±6.767
	自主控制有交互	154.70±6.343

以学习时间为因变量,进行 2（动画多媒体类型）×2（教学内容设计方式）的两因素完全随机实验方差分析发现,动画多媒体类型主效应显著,$F(1, 36)=45.988$,$P<0.01$;教学内容设计方式主效应显著,$F(1, 36)=15.192$,$P<0.01$;教学内容设计方式与动画多媒体形式两者之间交互作用显著,$F(1, 36)=21.331$,$P<0.01$。进一步对交互作用进行简单效应分析发现,两种教学内容设计方式在动画+解说形式下,被试的学习时间差异达到显著,$F(1, 36)=32.184$,$P<0.01$,而在动画+文字形式下,被试学习时间差异未达到显著,$F(1, 36)=3.479$,$P>0.05$;两种类型动画多媒体在自主控制有交互形式下被试学习时间差异不显著,$F(1, 36)=0.085$,$P>0.05$,而在系统控制无交互形式下学习时间差异达到显著,$F(1, 36)=50.090$,$P<0.01$。上述数据表明,教学内容设计形式与动画多媒体呈现类型对于被试学习时间的交互影响,在不同的限定条件下有所不同。在不同类型的动画多媒体形式下,不同的教学内容设计形式产生的学习时间差异显著不同。具体来讲,动画+解说

形式下系统控制组的学习时间明显短于自主控制的;动画+文字形式下自主控制组和系统控制组的学习时间差异不显著。在不同的教学内容设计形式下,不同类型的动画多媒体形式产生的学习时间差异显著不同。具体来讲,系统控制模式下,动画+解说组的时间要明显短于动画+文字组的学习时间;自主控制模式下,动画+解说组与动画+文字组的学习时间差异不显著。

3. 多媒体学习的眼动指标

对被试在动画多媒体学习时的相关眼动指标进行统计,结果如下表4-6所示。

表4-6 不同被试多媒体学习的眼动情况(M±SD)

动画多媒体类型	教学内容设计方式	总注视时间(s)	总注视次数	平均注视点持续时间(ms)
动画+解说	系统控制无交互	111.62±11.742	255.25±27.596	417.42±47.627
	自主控制有交互	88.14±10.881	222.45±16.168	342.49±59.714
动画+文字	系统控制无交互	86.86±15.942	229.80±24.480	336.36±70.253
	自主控制有交互	93.90±7.161	239.55±40.011	383.509±54.723

从表4-6可看到,对于不同动画多媒体类型和不同教学内容设计方式下的眼动数据存在着一定的差异,其中总注视时间、总注视次数和平均注视点持续时间都差异较大。

以总注视时间为因变量,进行2(动画多媒体类型)×2(教学内容设计方式)的两因素完全随机实验方差分析,结果发现,动画多媒体类型主效应显著,$F(1,36)=6.417$,$P<0.05$;教学内容设计方式主效应显著,$F(1,36)=4.814$,$P<0.05$;教学内容设计方式与动画多媒体类型两者之间交互作用显著,$F(1,36)=16.581$,$P<0.01$。进一步对交互作用进行简单效应分析发现,两种教学内容设计方式在动画+解说形式下,被试的总注视时间差异达到显著,$F(1,36)=21.514$,$P<0.01$,而在动画+文字形式下,被试总注视时间差异未达到显著,$F(1,36)=1.621$,$P>0.05$;两种类型动画多媒体在自主控制有交互形式下被试总注视时间差异不显著，F（1，36）=1.960，P＞0.05，而在系统控制无交互形式下总注视时间差异达到显著，F（1，36）=15.627，P＜0.01。

以总注视次数为因变量，进行 2（动画多媒体类型）×2（教学内容设计方式）两因素完全随机实验方差分析，结果可发现，动画多媒体类型主效应不显著，F（1，36）=0.216，P＞0.05；教学内容设计方式主效应不显著，F（1，36）=1.648，P＞0.05；教学内容设计方式与动画多媒体类型两者之间交互作用显著，F（1，36）=5.617，P＜0.01。进一步对交互作用进行简单效应分析发现，两种教学内容设计方式在动画＋解说形式下，被试的总注视次数差异达到显著，F（1，36）=26.7，P＜0.01，而在动画＋文字形式下，被试总注视次数差异未达到显著，F（1，36）=2.39，P＞0.05；两种类型动画多媒体在自主控制有交互形式下被试总注视次数差异不显著，F（1，36）=1.81，P＞0.05，而在系统控制无交互形式下总注视次数差异达到显著，F（1，36）=4.02，P＜0.01。

以平均注视点持续时间为因变量，进行 2（动画多媒体类型）×2（教学内容设计方式）的两因素完全随机实验方差分析，结果可发现，教学内容设计方式主效应不显著，F（1，36）=0.561，P＞0.05；动画多媒体类型主效应不显著，F（1，36）=1.165，P＞0.05；教学内容设计方式与动画多媒体类型两者之间交互作用显著，F（1，36）=10.828，P＜0.01。进一步对交互作用进行简单效应分析发现，两种教学内容设计方式在动画＋解说形式下，被试的平均注视点持续时间差异达到显著，F（1，36）=9.624，P＜0.01，而在动画＋文字形式下，被试平均注视点持续时间差异未达到显著，F（1，36）=2.803，P＞0.05；两种类型动画多媒体在自主控制交互形式下被试平均注视点持续时间差异不显著，F（1，6）=2.565，P＞0.05，而在系统控制无交互形式下平均注视点持续时间差异达到显著，F（1，36）=9.121，P＜0.01。

（四）讨论

从实验结果来看，动画多媒体类型和教学内容设计方式之间存在着交互作用，交互影响着学习者的学习效果和眼动行为。在学习成绩和学习时间方面，都是在动画＋解说形式下系统控制组优于自主控制组的，在系统

第四章 动画情境下多媒体学习的实验研究

控制模式下动画+解说组优于动画+文字组。这一研究观点能够有力支持比特朗古特（Betrancourt）（2002，2005）[122][123]的研究成果。同时，也充分表明在计算机数字化学习环境下，动画+解说与系统自动控制模式相结合的教学资源设计是获得较好学习效果的重要信息表征形式。而在学习者自定学习过程的情形下，动画多媒体学习的"通道效应"将会消失，即在动画情境下，声音解说相对于视觉文本的优势将会消失[124]。这是动画情境和传统图文环境下多媒体学习研究明显不同之处，究其产生的原因主要是语音解说较视觉文本是一个让学习者相对"被动"接受的事物，学习者在自主控制时尽管可以有选择性的取舍，但又因为动画画面的快速呈现，所以学习者为避免认知过载而尽量避免全身心地主动加工[125][126][127]。

通过实验数据分析也可以看到学习者加工不同类型动画多媒体信息的眼动轨迹有共同规律：对不同类型的动画多媒体，眼动轨迹显示动画+解说形式下学习者以动画信息为主，解说信息或其他信息为辅，而在动画+文字形式下却恰好相反，学习者以文字信息为主，动画等其他信息为辅。这个研究结果有力地支持了莎拉·克里丝（Sarah Kriz）和玛丽·赫加蒂 Mary Hegarty）（2007）[128]的研究结论。同时，对不同设计形式的教学内容进行加工的过程也明显不同，系统控制下学习者视线主要是追随动画（动态画面）的播放而进行转移调整，而在学习者自主控制模式下由于可以反复浏览或进行某些特殊化的信息加工，学习者的眼动行为需要在不同的功能区进行调整，因而会"分散"掉一部分认知资源或注意力，进而会影响到最终的学习效果和整体的眼动效果[129]。不同类型的动画多媒体和教学内容设计方式下的眼动数据能够反映出学习者学习效果差异的原因，眼动行为数据与多媒体学习效果之间存在着正向关联关系。系统控制模式下，动画+解说类型要比动画+文字类型具有更多的注视时间、注视次数和平均注视点持续时间，进而学习者会将更多的注意力和认知资源用在相关信息的加工处理上；而在自主控制模式下，情况却不同，动画+文字形式的注视时间、注视次数和平均注视点持续时间与动画+解说形式的差异不显著。动画+解说形式下，系统控制要比自主控制方式获得更多的注视时间、注视次数和平均注视点持续时间，进而学习效果会更好；而在动画+文字形式下，系统控制和自主控制方式下获得的注视时间、注视次数和平均注视点持续时间几乎差不多。

(五) 结论

(1) 学习者学习效果受到动画多媒体类型和教学内容设计方式交互作用的影响。

(2) 不同类型动画多媒体和教学内容设计方式下学习者学习效果有显著差异,在系统控制模式下,动画+解说优于动画+文字,而在自主控制模式下,动画+解说与动画+文字之间无明显差异。动画+解说形式下,系统控制优于自主控制,而在动画+文字形式下两者无明显差异。动画+解说与系统控制的结合是计算机环境下能够产生良好学习效果的信息表征方式。

(3) 学习者的学习效果与其对动画多媒体信息的即时加工特征(眼动行为)存在着一定的正向关联关系。即注视时间越长,注视次数越多,平均注视点持续时间越长,学习者的动画多媒体学习效果就会越好。

三、空间认知能力与动画多媒体类型对学习效果影响的眼动研究

(一) 研究目的与假设

探讨动画+解说和动画+文字两种类型的多媒体在高和低两种不同空间认知能力下学习者的学习效果和眼动行为差异。围绕上述研究目的,研究的假设主要有:(1) 不同类型的动画多媒体形式下学习者的学习效果有显著差异;(2) 不同类型的动画多媒体下学习者的眼动行为有显著差异;(3) 不同空间认知能力下学习者的学习效果有显著差异;(4) 不同空间认知能力下学习者的眼动特征有显著差异;(5) 不同空间认知能力下学习者对动画多媒体信息的即时加工特征(眼动行为)与学习效果存在一定的联系。

(二) 研究方法

1. 被试:从辽宁师范大学计算机与信息技术学院计算机应用技术专业

一年级随机选取 120 名被试,年龄在 18～20 岁之间,平均年龄为 19.16 岁,所有被试视力(或矫正视力)正常,均能熟练进行计算机操作且为自愿参加。先对被试完成关于《闪电的形成》的原有知识经验测试,根据测试结果从中选择出低原有知识经验者 60 人,然后使用自定的空间认知能力问卷(信度为 0.83)进行空间认知能力测试其高低水平,根据结果选择其中 40 人被试划分成高空间认知能力和低空间认知能力两大组,每组 20 人。

2. 实验设计与材料:采用 2(动画多媒体类型)×2(空间认知能力)的两因素随机实验设计,动画多媒体类型:动画+解说和动画+文字;空间认知能力:高空间认知能力和低空间认知能力。作为因变量的实验测试结果主要包括学习效果(学习成绩和学习时间)和眼动指标(注视次数、总注视时间、注视点持续时间和眼动轨迹)两大类。实验材料是国内外相关研究普遍使用的学习主题:《闪电的形成》概念。关于闪电形成的过程一共包括八个关键步骤:(1)靠近地面流动的空气受热后变热并上升;(2)上升的热空气中水分凝结形成云,超过冰点线后水分在云中形成结晶;(3)水滴和冰晶下降;(4)形成下行风,撞击地面产生正负电荷;(5)云内水气与冰晶碰撞形成正负电荷,负电荷降到云层底部;(6)先导闪电相遇;(7)负电荷向下冲;(8)正电荷向上冲,两种电荷相遇产生更强闪电。实验材料表现形式分别为动画+解说和动画+文字两种多媒体形式。实验材料依然使用 Flash 软件设计开发。

3. 实验仪器与过程:本实验主要是用采集频率为 60Hz 的 ASL 504 型眼动仪来记录被试的眼动数据。系统是由一台酷睿Ⅱ内存 2.4G 计算机控制,所有刺激呈现在 19 英寸彩色显示器中央。屏幕分辨率为 1024×768,刷新频率为 100Hz。实验时,被试眼睛与屏幕中央距离为 60cm,当眼睛在一个点停留达 16ms 时,眼动仪便将其记录为一个凝视点,眼睛在一个点停留超过 100ms 时,便记录为一次注视。用 Gazetraker 3.12 软件运行各实验程序并同时记录被试的眼动数据。

整个实验过程分为练习和正式实验两个阶段。练习阶段:首先向被试说明本实验为非侵入性的,使其心情放平静。然后主试说明多媒体学习效果的判断标准,指导被试操作并佩带好耳机后,呈现指导语"这是一个多媒体学习实验,当不同形式的多媒体学习材料呈现出来后,请您尽快理解并掌握,学习结束后请回答相应的测试题,如果已经清楚实验过程,请按空格键开始"。确认被试充分理解实验操作流程和测试方法之后方可开始正式实验。正式实验阶段:(1)呈现指导语(同练习过程的指导语);(2)在计算机屏幕中央呈现一个"+"作为注视点(持续2s);(3)计算机屏幕中"+"消失,并出现相应的多媒体画面,同时耳机中会根据需要情况出现相应的解说。多媒体画面播放完毕后,屏幕会再次出现"+"注视点,眼动行为记录结束。同时计算机屏幕上会出现相应的测试题目,被试认为自己能够完全回答时再次按空格键,学习时间总计时结束,同时回答测试问卷,回答结束后即完成一次实验。接着重复上述实验步骤直至整个实验结束。

(三)结果与分析

1. 多媒体学习的眼动轨迹

眼动轨迹指标能够反映不同学习者个体认知加工的顺序和过程。不同空间认知能力水平与动画多媒体类型下被试眼动轨迹分别如下系列图所示。

(1)不同动画多媒体类型下被试的眼动轨迹

① 动画+文字形式下不同空间认知能力被试的眼动轨迹,如下图4-12、4-13所示:

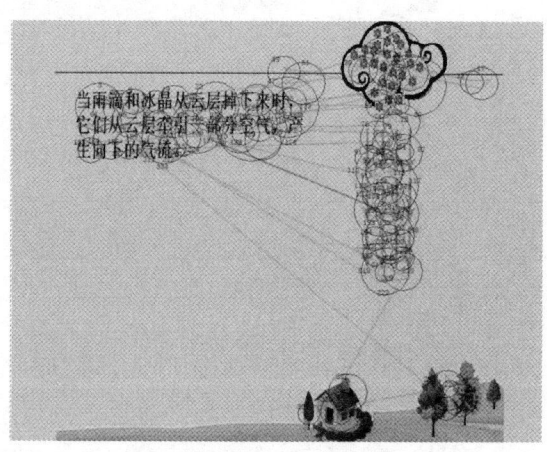

图4-12 低空间认知能力水平

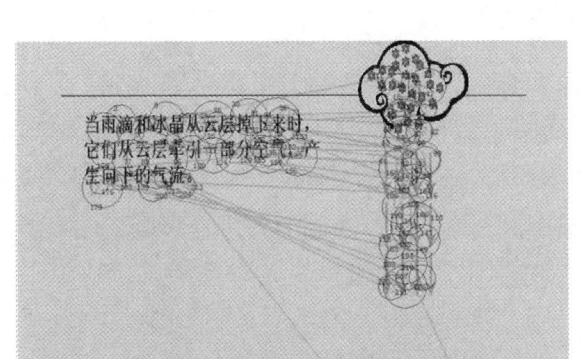

图 4-13　高空间认知能力水平

动画＋文字形式下不同空间认知能力的学习者眼动轨迹存在着显著的差异。低空间认知能力者被试主要是以文字信息加工为主，动画信息作为重要的辅助信息来解释说明文字信息，被试较多地完成文字区和动画区之间的切换；高空间认知能力者被试则是以动画信息加工为主，文字信息作为相关信息来辅助完成动画信息的补充说明，被试也较多地完成文字区和动画区之间的切换；低空间认知能力者比高空间能力者具有更多的注视点和复杂的注视路径。

②动画＋解说形式下不同空间认知能力被试的眼动轨迹如下图 4-14、4-15 所示：

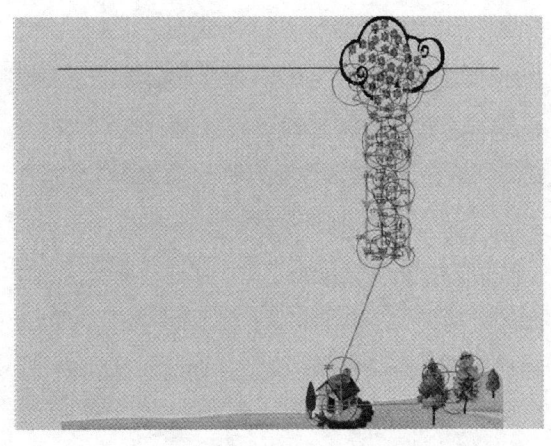

图 4-14　低空间认知能力

图 4-15　高空间认知能力

动画＋解说形式下不同空间认知能力的被试眼动轨迹存在着显著的差异。低空间认知能力的注视点数和注视路径的复杂程度远远低于高空间认知能力，动画＋解说媒体形式适合于高空间认知能力者。

（2）不同空间认知能力形式下被试的眼动轨迹

① 低空间认知能力下不同动画多媒体形式的眼动轨迹，如下图 4-16、4-17 所示：

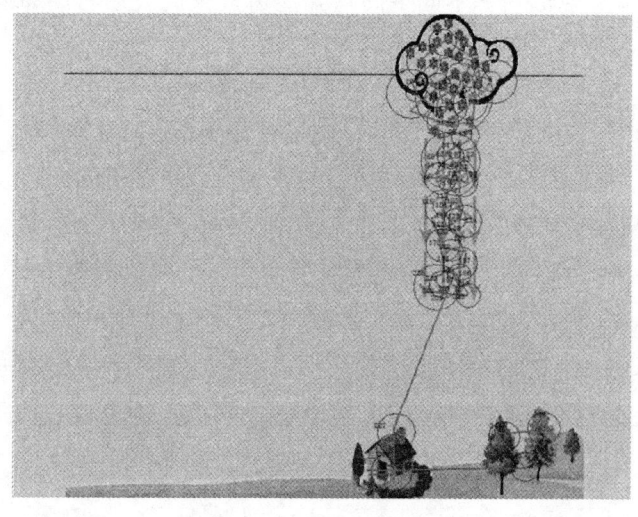

图 4-16　动画＋解说形式

第四章 动画情境下多媒体学习的实验研究

图 4—17 动画＋文字形式

低空间认知能力水平的被试在动画＋解说和动画＋文字形式下具有明显不同的眼动轨迹。在动画＋解说形式下，眼动轨迹主要围绕着目标物的运动路径展开；而在动画＋文字形式下，眼动轨迹主要是以文字为主，动画信息为辅助补充。动画＋文字媒体形式下的眼动次数和眼动路径复杂度要高于动画＋解说形式。

② 高空间认知能力下不同动画多媒体形式的眼动轨迹，如下图 4—18、4—19 所示：

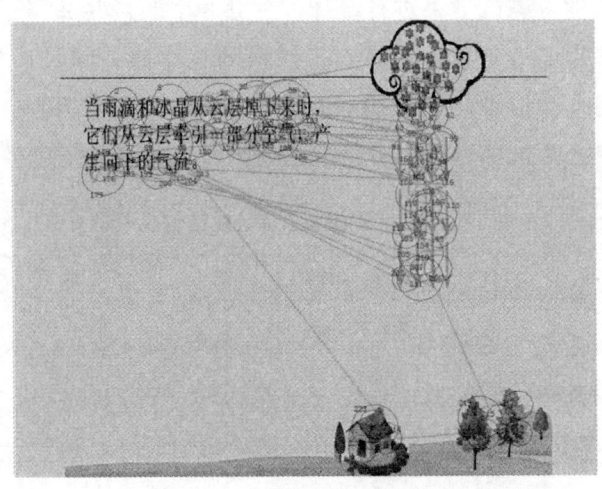

图 4—18 动画＋文字形式

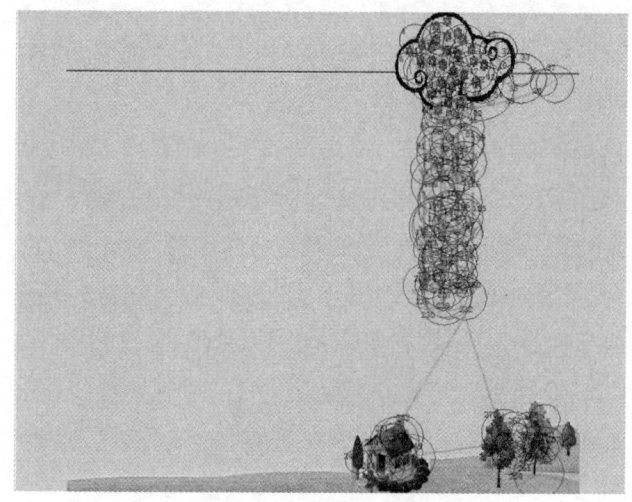

图 4-19　动画+解说形式

高空间认知能力水平的被试在动画+解说和动画+文字形式下具有明显不同的眼动轨迹。在动画+解说形式下，眼动轨迹主要围绕着目标物的运动路径展开；而在动画+文字形式下，眼动轨迹主要是以文字为主，动画信息为辅助补充。动画+解说媒体形式下的眼动次数和眼动路径复杂度要高于动画+文字形式。

2. 多媒体学习的学习成绩与学习时间

对被试的学习测试结果进行统计，一共8个题目共25分，答对一个要点记1分，答错记为0分，记录每个被试的总得分。同时，利用Flash软件对学习时间自动记录，之后用SPSS17.0对学习成绩和学习时间进行统计分析。其中，对被试学习得分情况进行统计，结果如下表4-7所示：

表 4-7　不同被试多媒体学习的成绩情况（M±SD）

动画多媒体类型	空间认知能力	学习成绩
动画+解说	高空间能力	21.00±1.700
	低空间能力	15.90±1.595
动画+文字	高空间能力	15.20±1.814
	低空间能力	17.70±1.703

由表4-7可看到，不同动画多媒体类型下，被试的学习成绩有差异。同时，不同空间认知能力下，被试的学习成绩也有差异，但是差异表现的状况不一样。为进一步弄清楚差异的显著情况，以学习成绩为因变量，进行2（动画多媒体类型）×2（空间认知能力）两因素方差分析，结果显示：动画多媒体学习类型的主效应显著，$F(1,36)=13.767$，$P<0.01$；空间认知能力的主效应也显著，$F(1,36)=5.816$，$P<0.05$；不同空间认知能力水平和动画多媒体类型对被试学习成绩具有明显的交互作用，$F(1,36)=49.698$，$P<0.01$。进一步进行简单效应分析可知，动画+文字模式下，低空间认知水平组的学习成绩优于高空间认知水平组的，$F(1,36)=10.099$，$P<0.01$；动画+解说形式下差异情况则恰好相反，高空间认知水平组的学习成绩优于低空间认知水平组的，$F(1,36)=47.871$，$P<0.01$。在不同的空间认知水平下，不同的动画多媒体类型产生的学习成绩差异也显著不同。具体来讲，在低空间认知水平模式下，动画+文字组的被试学习成绩要优于动画+解说组的成绩，$F(1,36)=5.951$，$P<0.05$；高空间认知水平下，则是动画+解说组的被试学习成绩要优于动画+文字组的成绩，$F(1,36)=54.453$，$P<0.01$。

被试的学习时间情况统计结果如下表4-8所示：

表4-8 不同被试多媒体学习的时间情况（M±SD)

动画多媒体类型	空间认知能力	学习时间（s）
动画+解说	高空间能力	108.90±0.738
	低空间能力	112.30±1.337
动画+文字	高空间能力	112.80±1.317
	低空间能力	111.60±1.075

由表4-8可看到，不同动画多媒体类型和空间认知能力下，被试的学习时间有差异，但是差异表现的状况不一样。为进一步弄清楚差异的显著情况，以学习时间为因变量，进行2（动画多媒体类型）×2（空间认知能力）两因素方差分析，结果显示：动画多媒体学习类型的主效应显著，$F(1,36)=19.609$，$P<0.01$；空间认知能力的主效应也显著，

$F(1, 36) = 9.268$,$P < 0.05$;不同空间能力特征和动画多媒体类型对被试学习时间具有明显的交互作用,$F(1, 36) = 40.519$,$P < 0.01$。具体来讲,动画+文字形式下,高空间认知能力水平组的学习时间长于低空间认知能力水平组的,$F(1, 36) = 5.513$,$P < 0.05$;动画+解说形式下差异情况则恰好相反,低空间认知能力水平组的学习时间长于高空间认知能力水平组的,$F(1, 36) = 44.257$,$P < 0.01$。在不同的空间认知水平下,不同的动画多媒体类型产生的学习成绩差异显著不同。具体来讲,在低空间认知水平模式下,动画+解说组与动画+文字组的被试时间无明显差异,$F(1, 36) = 1.876$,$P > 0.05$;而在高空间认知水平下,动画+解说组的被试学习时间要显著短于动画+文字组的时间,$F(1, 36) = 58.231$,$P < 0.01$。

3. 多媒体学习的眼动指标

对被试在动画多媒体学习时的眼动指标进行统计,结果如下表4-9所示:

表4-9 不同被试多媒体学习的眼动情况 (M±SD)

动画多媒体类型	空间认知能力	总注视次数	总注视时间(s)	平均注视点持续时间(ms)
动画+解说	高空间认知	264.91±9.169	118.80±3.853	448.50±3.894
	低空间认知	210.16±30.392	83.80±3.190	425.10±4.012
动画+文字	高空间认知	218.63±7.602	94.10±3.143	415.20±2.530
	低空间认知	231.03±6.963	103.90±3.479	453.00±3.682

从表4-9可看到,对于不同动画多媒体类型和教学内容设计方式下被试的眼动数据存在不同,各指标数据有着一定的差异,其中总注视时间、总注视次数和平均注视点持续时间都差异较大。

以总注视次数为因变量,进行2(动画多媒体类型)×2(空间认知能力)两因素方差分析,结果显示:动画多媒体学习类型的主效应显著,$F(1, 36) = 5.796$,$P < 0.05$;空间认知能力的主效应也显著,$F(1, 36) = 16.100$,$P < 0.01$;不同空间能力特征和动画多媒体类型对被试总

注视次数具有明显的交互作用，F（1，36）＝40.474，P＜0.01。进一步进行简单效应分析可知，在动画＋文字形式下，高空间认知能力水平组的总注视次数显著少于低空间认知水平组的次数，F（1，36）＝2.763，P＜0.05；而在动画＋解说形式下差异情况则恰好相反，低空间认知能力水平组的总注视次数低于高空间认知能力水平组的次数，F（1，36）＝53.812，P＜0.01。在不同的空间认知能力水平下，不同的动画多媒体类型产生的总注视次数差异显著情况也不同。具体来讲，在低空间认知能力水平下，动画＋解说组的被试总注视次数显著少于动画＋文字组的次数，F（1，36）＝7.824，P＜0.01；而在高空间认知能力水平下，动画＋解说组的被试总注视次数要显著多于动画＋文字组的次数，F（1，36）＝38.451，P＜0.01。

以总注视时间为因变量，进行2（动画多媒体类型）×2（空间认知能力）两因素方差分析，结果显示：动画多媒体学习类型的主效应显著，F（1，36）＝4.502，P＜0.05；空间认知能力的主效应也显著，F（1，36）＝135.115，P＜0.01；不同空间能力和动画多媒体呈现形式对被试总注视时间具有明显的交互作用，F（1，36）＝427.030，P＜0.01。进一步进行简单效应分析可知，在动画＋文字形式下，高空间认知水平组的总注视时间显著短于低空间认知水平组的时间，F（1，36）＝40.873，P＜0.01；动画＋解说形式下差异情况则恰好相反，低空间认知水平组的总注视时间要显著短于高空间认知水平组的时间，F（1，36）＝521.282，P＜0.01。同时，在不同的空间认知能力水平下，不同的动画多媒体类型产生的总注视时间差异显著情况也各不相同。具体来讲，在低空间认知水平形式下，动画＋解说组的被试总注视时间显著短于动画＋文字组的时间，F（1，36）＝171.924，P＜0.01；而在高空间认知水平下，动画＋解说组的被试总注视时间要显著长于动画＋文字组的时间，F（1，36）＝259.613，P＜0.01。

以平均注视点持续时间为因变量，进行2（动画多媒体类型）×2（空间认知能力）两因素方差分析，结果显示：动画多媒体学习类型的主效应显著，F（1，36）＝5.693，P＜0.05；空间认知能力的主效应也显著，F（1，36）＝40.482，P＜0.01；不同空间能力和动画多媒体类型对被试平均注视点持续时间具有明显的交互作用,F(1,36)=731.214,P<0.01。进一步进行简单效应分析可知,在动画+文字形式下,高空间认知水平组的平均注视点持续时间显著短于低空间认知水平组的时间,F(1,36)=557.880,P<0.01;动画+解说形式下差异情况则恰好相反,低空间认知水平组的平均注视点持续时间要显著短于高空间认知水平组的时间,F(1,36)=213.790,P<0.01。同时,在不同的空间认知水平下,不同的动画多媒体类型产生的平均注视点持续时间差异显著情况也不同。具体来讲,在低空间认知水平模式下,动画+解说组的被试平均注视点持续时间显著短于动画+文字组的时间,F(1,36)=303.921,P<0.01;而在高空间认知水平下,动画+解说组的被试平均注视点持续时间要显著长于动画+文字组的时间,F(1,36)=144.199,P<0.01。

(四)讨论

从一般认知行为的实验数据结果来看,动画情境下多媒体学习效果与学习者的空间认知能力水平的个体特征有着紧密的联系。在不同动画多媒体类型和空间认知能力下学习者的学习效果不同,在动画+解说形式下,高空间能力者的学习成绩和学习时间要优于低空间能力者,而在动画+文字形式下,则是低空间能力者的优于高空间认知能力者。对于高空间认知能力者而言,动画+解说是适合的多媒体学习方式;而对于低空间认知能力者而言,动画+文字则是较为适合的方式。这与梅耶的传统认知学习理论中的个体差异空间认知效应相同,动画多媒体学习仍然具有空间认知效应,即高低空间认知不同水平的学习者动画多媒体学习效果不一样。这个研究结果也与韩金娜(Han-Chin Liua)等人(2011)[129]的研究结论相一致。

学习者的眼动数据揭示了动画多媒体学习下个体空间认知能力差异效应存在的原因,因为在动画+解说形式下,高空间能力者的总注视次数、总注视时间和平均注视点持续时间都要优于低空间能力者,而在动画+文字形式下,则是低空间能力者的各项眼动指标要优于高空间认知能力者。同时,不同空间认知能力水平下,动画多媒体类型的眼动指标也有差异,在低空间认知能力下,动画+文字组要比动画+解说组具有更多的总注视次数、总注视时间和平均注视点持续时间。而在高空间认知能力水平下，则是动画＋解说组比动画＋文字组具有更多的总注视次数、总注视时间和平均注视点持续时间。同时，学习者眼动轨迹也清晰表明，动画多媒体学习的这种空间认知能力个体差异所产生的不同信息加工过程，学习者对信息加工的重点和先后顺序也各不相同。动画＋解说形式下学习者以动画信息为主，解说信息为辅；而在动画＋文字形式下，学习者则倾向于以文字信息为主，动画信息为辅。应当注意的是，由于文字信息和动画信息会同时占用学习者的视觉通道，因而会造成学习者的认知障碍或认知资源竞争，进而会影响到学习者的最终学习效果[130]。

（五）结论

（1）动画多媒体类型和学习者个体空间认知能力水平交互影响着最终的学习效果，不同空间认知能力者有不同的动画多媒体学习类型相适应，低空间认知能力者适合采用动画＋文字的形式进行，而高空间认知能力者则适合采用动画＋解说的形式展开学习。

（2）不同动画多媒体类型和空间认知能力下学习者的眼动行为具有显著差异，这种差异能够解释造成不同动画多媒体学习效果的原因。

（3）不同动画多媒体形式和空间认知能力下学习者眼动行为不同，动画＋解说形式下，低空间认知能力者比高空间认知能力者具有更多的总注视次数、总注视时间和平均注视点持续时间；而在动画＋文字形式下，则是高空间认知能力者比低空间认知能力者具有更多的总注视次数、更长的总注视时间和平均注视点持续时间。

四、教学策略与动画多媒体类型对学习效果影响的教育实验研究

（一）研究目的与假设

探讨主题探究教学策略、问题解决教学策略和合作讨论三种教学策略和动画＋解说、动画＋文字两种动画多媒体类型对学习者学习效果和学

参与度的影响。围绕上述研究目的,研究的假设主要有:(1)不同动画多媒体类型下学习者的学习效果有显著差异;(2)不同动画多媒体类型下学习者的学习参与度有显著差异;(3)不同教学策略下学习者的学习效果有显著差异;(4)不同教学策略下学习者的学习参与度有显著差异;(5)不同教学策略与动画多媒体类型对学习者学习效果和参与度影响有交互作用。

(二)研究方法

1. 被试:从辽宁师范大学计算机与信息技术学院计算机应用专业三年级随机选取 54 名被试,年龄在 21~23 岁之间,平均年龄为 22.50 岁,所有被试视力(或矫正视力)正常。把被试每 9 个人一组随机分配成 6 组。

2. 实验设计与材料:采用 3(教学策略)×2(动画多媒体类型)的两因素完全随机实验设计,教学策略:主题探究教学策略、问题解决教学策略和合作讨论教学策略;动画多媒体类型:动画+解说和动画+文字。作为因变量的教学实验测试结果主要包括学习成绩、学习时间和学习参与度三个,实验材料为《教育技术实用教程》中"交互白板的教学应用"一节内容,设计成两种形式的动画多媒体材料,分别采用三种不同教学策略实施教学活动。《交互白板的教学应用》一节内容共包括三个知识单元:交互白板的技术介绍、交互白板的教学特征分析、交互白板的应用案例分析。为了正确评估多媒体教学实验效果,设计了专门的测试问卷,是用来测试学习效果的,内容涵盖三个知识单元,共三大题总分为 25 分(经过预试,信度为 0.82)。

3. 实验仪器与过程:实验仪器为 10 台多媒体计算机,配置为酷睿Ⅱ内存 3.0G,各台计算机系统中都预装了 Flash 软件及相关的播放器。显示器均为 19 英寸液晶显示器,分辨率为 1280×1024,刷新频率为 120Hz。利用每组的计算机操作课及导师指导时间来进行教学实验,每节课为三十分钟。整个教学实验过程分为以下几个环节:第一,教学准备。教学内容《交互式电子白板教学应用》分为三个单元,每个单元播放的时间约五分钟左右。每节课仅播放一个单元,隔一天后再进行下一个单元的教学。同时,将实验教材分为用动画+文字和动画+解说两种呈现形式,并准备对同一组进行同一类型的多媒体教学;第二,教学实验正式实施。请学生先在走廊排队再依序进入计算机教室,安排座位后,待上课铃声响后,研究者进行指导语说明(指导语为本节课为多媒体教学实验课,请大家认真听讲,学习结束后请认真回答相关测试题,下面请进入教学环节),接着利用机房中的计算机广播教学设备统一播放多媒体实验教材,同时系统自动开始学习时间计时,同时也开始对每个被试进行独立的视频录像。因本实验教材是由系统控制自动连续播放的,被试无法随意调控播放速度、点选内容和重复观看等;第三,在多媒体实验教材播放过程中,教师即采用不同的教学策略来对知识内容进行深入讲解,所有单元内知识讲解完毕,系统就停止学习时间计时,并立即对被试进行学习效果测验,并于上课时间内完成。所有三个单元测验结束后,即结束本教学实验。

(三) 结果与分析

1. 多媒体学习的学习成绩与学习时间

根据被试的测试回答,统计所有三个学习单元的总成绩并再平均,可得到如表4-10所示的学习成绩:

表4-10 不同被试多媒体学习的成绩情况 (M±SD)

动画多媒体形式	教学策略	学习成绩
动画+解说	主题探究教学	18.00±2.236
	问题解决教学	21.00±1.936
	合作讨论教学	22.11±2.088
动画+文字	主题探究教学	13.22±1.787
	问题解决教学	18.78±2.386
	合作讨论教学	22.89±1.900

由表4-10可知,不同动画多媒体类型下被试的学习成绩之间有差异,同时,不同教学策略形式下被试的学习成绩也有差异。总的看来,不同动画多媒体类型下,合作讨论教学策略组的学习成绩高于问题解决教学策略组的成绩,而问题解决教学策略组的又高于主题探究教学策略组的成绩。

同时，不同教学策略下，动画＋解说类型组的被试学习成绩均高于动画＋文字类型组的成绩。

为进一步弄清楚各种差异的具体情况，以学习成绩为因变量，进行3（教学策略）×2（动画多媒体类型）的两因素完全随机方差分析，结果显示：教学策略变量主效应显著，$F(2, 48)=51.007$，$P<0.01$；动画多媒体类型变量主效应也显著，$F(2, 48)=13.605$，$P<0.01$；教学策略因素和动画多媒体类型交互作用显著，$F(2, 48)=8.152$，$P<0.01$。由于交互作用显著，所以需要进行简单效应分析。简单效应分析结果显示：在动画＋文字多媒体信息呈现类型下，不同形式教学策略对被试学习成绩影响具有明显的差异，$F(2, 48)=49.62$，$P<0.01$。事后多重比较检验结果发现，合作讨论教学策略组的学习成绩显著高于问题解决教学策略组，而问题解决教学策略组又显著高于主题探索教学策略组，两两比较差异均达到显著水平。同理，在动画＋解说多媒体类型下，不同教学策略对被试学习成绩的影响仍然是差异显著的，$F(2, 48)=9.53$，$P<0.01$。事后多重比较检验的结果发现，合作讨论教学策略组学习成绩显著高于主题探究教学策略组，而问题解决教学策略组又显著高于主题探究教学策略组，但是合作讨论教学策略组和问题解决教学策略组差异不显著。其中，相对于动画＋文字类型下的被试成绩，动画＋解说类型下主题探究教学策略组和问题解决教学策略组成绩都有了提升，这表明动画＋解说多媒体类型对主题探究教学策略组和问题解决教学策略组的被试学习成绩有正面促进作用。而合作讨论教学策略组的学习成绩却出现了下降，这表明动画＋解说形式与合作讨论教学策略的结合不利于被试学习成绩的提高。

动画多媒体类型在不同教学策略条件下对被试学习成绩的影响也各不相同。在主题探究教学策略条件下，两种不同动画多媒体信息呈现类型对学习者的成绩影响差异显著，$F(1, 48)=24.06$，$P<0.01$，即在主题探究教学策略下，动画＋解说组的被试成绩优于动画＋文字组的成绩；对于问题解决教学策略条件，两种不同动画多媒体信息呈现形式对学习者学习成绩影响差异也达到显著水平，$F(1, 48)=5.21$，$P<0.05$，这显示在问题解决教学策略下，动画＋解说组的被试学习成绩也优于动画＋文字组的成绩；对于合作讨论教学策略，两种不同动画多媒体信息呈现形式对学

习者的成绩影响差异不显著，F（1，48）＝0.64，P＞0.05。综合上述实验数据可知，动画多媒体的两种表现类型与主题探究教学策略和问题解决教学策略关系密切，在两种教学策略下都是动画＋解说形式组学习成绩优于动画＋文字多媒体形式。但是，动画多媒体类型在合作讨论教学策略中，对学习者学习成绩的影响差异不明显。

同理，也可以得到如表4－11所示的关于被试动画多媒体学习时间的统计表。

表4－11 不同被试多媒体学习的时间情况（M±SD）

动画多媒体类型	教学策略	学习时间（M）
动画＋解说	主题探究教学	15.33±1.936
	问题解决教学	16.22±1.394
	合作讨论教学	19.89±2.088
动画＋文字	主题探究教学	21.44±2.555
	问题解决教学	26.33±2.345
	合作讨论教学	27.67±2.550

由表4－11可以看到，不同动画多媒体类型下被试的学习时间之间有差异，同时，不同教学策略形式下被试的学习时间也有差异。总的看来，合作讨论教学策略下的学习时间长于问题解决教学策略的时间，而问题解决的又长于主题探究教学策略组的时间。同时，也可看到，无论是在哪种教学策略下，动画＋文字形式下的学习时间都是明显高于动画＋解说形式组的时间。

同样，为进一步弄清楚各种差异的具体情况，以学习时间为因变量，进行3（教学策略）×2（动画多媒体类型）的两因素完全随机方差分析。结果显示：教学策略变量主效应显著，$F(2, 48) = 27.479$，$P < 0.01$；动画多媒体类型变量主效应也显著，$F(2, 48) = 181.364$，$P < 0.01$；动画多媒体类型和教学策略因素交互作用显著，$F(2, 48) = 3.813$，$P < 0.05$。由于交互作用显著，所以需要进行简单效应分析。简单效应分析结果显示，形式教学策略在不同动画多媒体类型条件下对学习者学习时间的

影响差异：在动画＋文字多媒体呈现形式下，对被试的学习时间影响具有明显的差异，$F(2, 48)=46.945$，$P<0.01$。事后多重比较检验结果发现，合作讨论教学策略组的学习时间显著长于问题解决教学策略组，而问题解决教学策略组又显著长于主题探究教学策略组，两两比较差异均显著。在动画＋解说形式下，不同教学策略方法对学生学习时间的影响仍然是差异显著的，$F(2, 48)=24.210$，$P<0.01$。事后多重比较检验的结果发现，合作讨论教学策略组学习时间显著高于主题探究教学策略组，而合作讨论教学策略组又显著高于问题解决教学策略组。但是主题探究教学策略组和问题解决教学策略组的被试学习时间差别不显著。因此，动画＋解说多媒体信息呈现形式对合作讨论教学策略组的被试学习时间影响较大。

动画多媒体类型在不同教学策略条件下对被试学习时间的影响，可以从下面几个方面来分析：对于主题探究教学策略条件，两种不同动画多媒体信息呈现形式对学习者的学习时间影响显著，$F(1, 48)=32.703$，$P<0.01$，这显示在主题探究教学策略下，动画＋解说组的被试学习时间显著短于动画＋文字组；对于问题解决教学策略条件，两种不同动画多媒体信息呈现形式对学习者的学习时间影响显著，$F(1, 48)=5.388$，$P<0.05$，这显示在问题解决教学策略下，动画＋解说组的被试学习时间少于动画＋文字组；对于合作讨论教学策略，两种不同动画多媒体信息呈现形式对学习者的学习时间影响也是显著的，$F(1, 48)=50.128$，$P<0.01$，即动画＋解说组的被试学习时间少于动画＋文字组。综合上述三种情况，可以看到无论是在哪种教学策略下，动画＋解说组的被试学习时间都会少于动画＋文字组，这表明不同教学策略条件下动画＋解说多媒体形式对学习者的学习时间影响显著。

2. 多媒体学习的学习参与度

对于不同教学策略和动画多媒体类型下的被试学习结果，除了考察传统的学习成绩和学习时间之外，还应该重点来考察被试在教师不同教学策略应用于课堂教学过程中的学习参与程度，即学习参与度。学习参与度通常是指学生参与到某具体活动的次数或活动效果，它主要反映了学习者主动参与到课堂教学中的范围和程度。为了了解不同教学策略方法和动画多媒体信息呈现方式是否对学生学习参与度产生的影响，采用视频分析的方法来进行学生学习参与度的分析，具体过程是将录制的视频输入到Flanders互动分析系统，软件会自动每3秒钟进行编码一次，每次编码代表过去3秒钟内所观察到的行为，若同时观察到不止一种行为，则选择主要的行为类型进行标示记录，如此连续划记得到学生学习期间发生的总行为个数。基本数据结果如下表4-12所示：

表4-12 不同被试多媒体学习的参与度情况（M±SD）

动画多媒体形式	教学策略	学习参与度
动画+解说	主题探究教学	7.00±1.581
	问题解决教学	10.33±1.658
	合作讨论教学	10.89±2.028
动画+文字	主题探究教学	10.00±1.323
	问题解决教学	10.56±1.424
	合作讨论教学	12.67±1.414

由表4-12可以看到，不同动画多媒体类型下被试的学习参与度之间有差异，同时，不同教学策略形式下被试的学习参与度也有差异。总的看来，合作讨论教学策略下的学习参与度得分多于问题解决策略，而问题解决策略又多于主题探究教学策略组。同时，无论是在哪种教学策略形式下，动画+文字形式下的学习参与度得分也高于动画+解说类型组。

为进一步弄清楚各种差异的具体情况，以学习成绩为因变量，进行3（教学策略）×2（动画多媒体类型）的两因素完全随机方差分析，结果显示：教学策略变量主效应显著，$F(2, 48)=19.383$，$P<0.01$；动画多媒体类型变量主效应也显著，$F(2, 48)=14.862$，$P<0.01$；动画多媒体类型和教学策略因素交互作用显著，$F(2, 48)=3.457$，$P<0.05$。由于交互作用显著，所以需要进一步进行简单效应分析。简单效应分析结果显示，不同形式的教学策略在动画+文字的多媒体类型下，对被试的学习参与度影响具有明显的差异，$F(2, 48)=15.815$，$P<0.01$。事后比较检验的结果发现，合作讨论教学策略组的学习参与度显著高于主题探究教

学策略组，而问题解决教学策略组又显著高于主题探究教学策略组，但是合作讨论组和问题解决组的学生学习参与度差异不大。在动画＋解说形式下，不同教学策略方法对学生学习参与度的影响仍然是差异显著的，$F(2,48)=7.06$，$P<0.01$。事后比较检验的结果发现，合作讨论教学策略组学习参与度显著高于主题探究教学策略组，而合作讨论教学策略组又显著高于问题解决教学策略组。但是主题探究教学策略组和问题解决教学策略组的被试学习参与度差别不显著。因此，动画＋解说多媒体类型对合作讨论教学策略组的被试学习参与度影响较大。

不同动画多媒体类型在不同教学策略方法条件下对被试学习参与度的影响，可以从下面几个方面来分析：对于主题探究教学策略条件，两种不同动画多媒体信息呈现形式对学习者的学习参与度影响显著，$F(1,48)=16.05$，$P<0.01$，这显示在主题探究教学策略下，动画＋解说组的被试学习参与度显著多于动画＋文字组；对于问题解决教学策略条件，两种不同动画多媒体信息呈现形式对学习者的学习参与度影响不显著，$F(1,48)=0.09$，$P>0.05$，这表明在问题解决教学策略下，动画＋解说组的被试学习参与度与动画＋文字组的无明显差别；对于合作讨论教学策略，两种不同动画多媒体信息呈现形式对学习者的学习参与度影响也是显著的，$F(1,48)=5.64$，$P<0.05$，即动画＋解说组的被试学习参与度多于动画＋文字组。综合上述三种情况，可以看到动画＋解说的动画多媒体类型对学习者的学习参与度影响显著。

（四）讨论

不同动画多媒体类型和教学策略形式下，学习者的学习成绩差异表现（主效应）分别达到显著水平。但同时，动画多媒体类型和不同教学策略形式对学习成绩又存在着交互作用，而且在不同的限定条件下有所不同。首先，在不同教学策略下的两种动画多媒体类型中，研究发现其与主题探究教学策略和问题解决教学策略关系密切，在这两种教学策略下都是动画＋解说形式组学习成绩优于动画＋文字形式组。但是，两种动画多媒体类型在合作讨论教学策略中，对学习者学习成绩的影响差异不明显。这一研究结果与李忠勇（2007）[131]的实验研究结论相一致。其次，在两种不同动画多媒体类型下的不同教学策略研究发现，在动画＋文字多媒体形式中，合作讨论教学策略组学习成绩显著高于问题解决教学策略组，而问题解决教学策略组又显著高于主题探究教学策略组。在动画＋解说多媒体形式中，合作讨论教学策略组学习成绩显著高于主题探究教学策略组，而问题解决教学策略组又显著高于主题探究教学策略组，但是合作讨论教学策略组和问题解决教学策略组差异不显著。这说明，动画＋解说多媒体形式较动画＋文字形式更对主题探究教学策略组和问题解决教学策略组的被试学习成绩有促进作用。

同样，对于学习者的学习时间而言，动画多媒体类型和不同教学策略形式对其影响也存在着交互作用，而且在不同的限定条件下有所不同。首先，在不同教学策略下的两种动画多媒体类型，研究发现其无论是在哪种教学策略下，动画＋解说组的学习者学习时间都会少于动画＋文字组，这表明不同教学策略条件下动画＋解说多媒体形式对学习者的学习时间影响显著且是促进作用。其次，在两种不同动画多媒体类型下的不同教学策略，研究发现动画多媒体类型对合作讨论教学策略组学习者学习时间影响较大。这一研究结果能够很好地支持布谢（Boucheix）等人（2010）[132]的研究成果。

对于学习参与度而言，在合作讨论教学策略和主题探究教学两种策略下，动画＋解说组的学习者学习参与度都会高于动画＋文字组，这表明动画＋解说多媒体形式对学习者的学习参与度影响较为显著且为正向作用。而在不同动画多媒体类型下，不同教学策略对学习参与度的影响表现有差异：动画＋文字形式下，合作讨论教学策略组和问题解决教学策略组均能够收到良好的学习参与度；动画＋解说形式下，合作讨论教学策略组学习参与度显著高于主题探究教学策略组和问题解决教学策略组。这表明，动画＋解说与合作讨论教学策略结合起来使用，能够给学习者带去一个良好的学习参与度[133]。

（五）结论

（1）动画多媒体类型和教师教学策略形式交互影响着学习者最终的学习效果，不同教学策略有不同的动画多媒体学习方式相适应，主题探究教学策略需要动画＋解说形式，问题解决教学策略也需要动画＋解说形式，而合作讨论式教学策略两种动画多媒体形式无差异。

（2）不同动画多媒体类型有不同的教学策略相适应，动画＋解说形式下需要采用合作讨论和问题解决教学策略，在动画＋文字形式下则是适合问题解决教学策略和主题探究教学策略。

（3）在动画多媒体类型和教学策略形式的交互作用下，问题解决式教学策略与动画＋解说形式相结合的学习效果较佳。

（4）动画多媒体类型和教学策略形式也交互影响着学习者的学习参与度，合作讨论式教学策略与动画＋解说多媒体形式结合的参与效果较佳。

第五章 动画情境下多媒体学习实验研究的讨论与结论

一、动画情境下多媒体学习实验研究的讨论

(一) 多因素交互作用下的动画多媒体学习效果分析

本研究主要是采用一般认知行为反应和眼动行为分析相结合的研究模式，系统分析多种因素交互作用下的动画多媒体学习过程，四个实验分别探讨了影响学习者动画多媒体学习效果的四个因素：学习材料性质、教学内容设计形式、学习者个体特征和教学策略形式。

(1) 学习材料性质与画多媒体类型对学习者学习效果的影响。学习材料性质和多媒体类型的主效应均为显著。在不同性质的学习材料中，抽象程度低的学习效果最好，中等抽象程度次之，高抽象程度最差，即学习效果随着学习材料抽象程度的提升而下降。在不同多媒体呈现形式下，动画＋解说多媒体形式的学习效果优于图片＋文字多媒体形式的，更优于动画＋文字的多媒体形式，动画＋解说形式能够比图片＋文字形式更适合成为数字化环境下教学信息的基本表征单元。这一研究结果能够与李纳（Lina）和阿特金森（Atkinson）（2011）[134]的相关研究结论保持一致。同时，在眼动行为数据方面，动画＋解说组学习者能比动画＋文字组和图片＋文字组分配更多的视觉注意力，即更多的注视数目、更长的总注视时间和注视点平均持续时间。这个研究结果一方面与前面的一般认知学习效果结论相一致，有力地支持了多媒体学习中的通道效应；另一方面也确认了眼动行为和学习者内部认知过程之间的紧密联系。巴里亚（Barea）等人（2012）[135]的研究也发现多媒体学习过程中眼动行为与学习者内部认知过程具有正向促进性，即眼动行为特征越好反映学习者内部认知过程就越有

效。同时，还应当看到，本实验研究中对多媒体学习材料性质仅仅是从知识抽象程度这一角度来进行分析的，还有更多的学习材料性质划分有待于进一步深入研究，例如学习材料内容知识类型。目前，国内外多媒体学习研究中所选材料信息的知识类型大多为自然科学领域中包含一定因果链或流程的程序性概念，而对于一般的陈述性知识较少涉及。

（2）教学内容设计形式和动画多媒体类型对学习者学习效果交互影响显著。在不同类型的动画多媒体材料类型下，不同的教学内容设计形式产生的学习效果差异显著不同。在系统控制组织形式下，动画＋解说多媒体形式组的学习效果优于动画＋文字形式组；而在学习者自主控制组织形式下，动画＋解说多媒体形式组的学习效果和动画＋文字形式组的差异不明显。在动画＋解说多媒体信息呈现形式下，系统控制组的学习效果要优于自主控制组的；动画＋文字形式下自主控制组和系统控制组的学习效果差异也不显著。这表明受系统控制的动画＋解说形式是计算机数字化学习环境下比较适合学习者的信息呈现方式。上述实验研究结果有效地支持和发展了高格（Gog）等人（2009）[136]的研究结论。由于现实媒体教学实践过程中主要采用单向传播的模式，即在系统控制学习进程的条件下，所以对动画多媒体的设计与开发主要应以动画＋解说的形式呈现，而要尽量避免动画＋文字，尤其是动画＋文字＋解说的多媒体呈现形式。同时，眼动行为数据也表明在系统控制条件下，学习者在动画＋解说多媒体形式下要比动画＋文字形式分配并使用更多的视觉注意力资源，因而学习者在动画＋解说形式下的学习效果要优于动画＋文字形式的。而在自主控制条件下，动画＋文字形式虽然能够比动画＋解说形式分配更多的视觉注意力在学习材料上（因为自主控制能够使学习者自控学习过程和速度，能对文字信息进行反复的研究理解，然而系统控制的动画多媒体则无法实现这一点）。但是也可看到，动画＋文字形式需要学习者将注意力分为两部分，眼睛视线一会在文字部分，一会在动画部分，需要在两个不同区域之间来回切换，两个区域存在着"资源竞争"现象，这就很有可能会增加学习者工作记忆的额外认知负荷，进而削弱学习者的学习效果。所以，综合来看，自主控制模式下动画＋解说和动画＋文字两组学习者的学习效果差异不显著。

第五章 动画情境下多媒体学习实验研究的讨论与结论

（3）空间认知能力和动画多媒体类型之间存在着显著的交互作用。在不同的动画多媒体类型下，不同的空间认知能力水平会产生显著不同的学习效果（学习成绩和学习时间）。在动画＋文字多媒体形式下，低空间认知能力者能比高空间认知能力者获得更好的学习效果；在动画＋解说多媒体形式下，则是高空间认知能力者会获得更好的学习效果。同时，不同空间认知能力条件下，不同的动画多媒体类型也会产生显著不同的学习效果。在低空间认知能力水平方面，动画＋文字组能够比动画＋解说组取得更好的学习效果；在高空间认知能力水平方面，则是动画＋解说组比动画＋文字组取得更好的学习效果。在眼动行为方面，高空间认知能力组学习者在动画＋解说形式下能够比动画＋文字形式获得更多的注意力资源，即更多的注视时间、注视次数和平均注视时间。而低空间认知能力组学习者则在动画＋文字形式下能够比动画＋解说形式获得更多的注视时间、注视次数和平均注视时间。一般多媒体学习的空间认知个体差异效应，在动画多媒体学习中依然发挥着作用。这个研究结果能够与英迪凯（Mordechai）等人（2011）[137]的研究相互补充和支持。总之，动画多媒体材料的设计与开发一定要考虑到学习者的不同认知发展水平和不同个体差异特征，根据不同认知发展水平和不同个体特征提供相应的多媒体形式。低空间认知能力者应采用动画＋文字的形式，并且最好是能够自定步调的，这样学习者可以反复学习和精深学习；而对高空间认知能力者则应采用动画＋解说的形式，采用一般的系统控制模式即可。影响多媒体学习效果的学习者个体特征因素包含很多内容，尽管在原有知识背景和空间认知能力方面的多媒体学习效果差异研究成果日趋丰富，但是更多的个体特征因素，比如学习风格、人格特征等，还没有得到相对系统完整的研究，尤其是能够包含学习者个体差异因素交互作用的整体研究还非常匮乏。

（4）动画多媒体类型和不同教学策略形式对学习效果的影响存在着显著的交互作用，而且在不同的限定条件下有所不同。动画多媒体的两种表现形式与主题式教学策略和问题解决式教学策略关系密切，在两种教学策略下都是动画＋解说形式组学习效果优于动画＋文字多媒体形式。但是，动画多媒体形式在合作讨论式教学策略中，对学习者学习效果的影响差异不明显。在动画＋文字形式下，三种教学策略所产生的学习效果是合作讨论教学策略高于问题解决教学策略，问题解决教学策略又高于自主探究教学策略。在动画＋解说形式下，合作讨论教学策略和问题解决教学策略效果均好于主题探究教学策略，但是它们两者之间的学习效果差异不显著。综合起来，动画＋解说与问题解决教学策略相结合的学习效果较佳。这一研究结果与库尔（Kühla）等人（2011）[138]的研究结论相类似。在学习参与度方面，不同教学策略在动画＋文字形式下对学习者的学习参与度影响差异情况不一样。合作讨论教学策略高于问题解决策略，又高于主题探究教学策略。在动画＋解说形式下合作讨论教学策略高于问题解决策略，也高于主题探究教学策略。而主题探究教学策略和问题解决教学策略的学习效果差别不显著。同样，不同动画多媒体类型在不同教学策略下对学习者的学习参与度影响差异也不一样。在合作讨论式教学策略和主题探究式教学策略下，动画＋解说组的学习者学习参与度都会高于动画＋文字组，这表明动画＋解说多媒体形式对学习者的学习参与度相对影响较为显著。在问题解决教学策略形式下两种类型的动画多媒体所产生的学习参与度差异不显著。动画多媒体的教学使用要和教师适当的教学策略形式相结合，动画＋解说与合作讨论式教学策略的结合能够使学习者获得较高的学习参与度。

综上所述，尽管现有关于动画多媒体学习效果影响因素的研究仍然是没有一个统一的结论，且研究大多着重于不同动画外在表征设计对学习者推理的影响，主要分析学习者是如何对相同内容但不同表征的概念加以诠释的。要想真正探讨动画是否有利于学习者的学习，动画就必须要与能够表达相同信息的静态图片形式相比较，只有这样才能将动画教学效果从图像的效果中分离处理[139]。但是，目前对于动画与静态图片的学习成效对比并无一致性结论。有些学者研究发现使用动画媒体的呈现方式比静态图片更有助于学习，有些则发现静态图片的教学效果更好，也有些认为两者之间的教学效果无显著差异。计算机动态动画与静态视觉图片对于多媒体学习者学习成效的影响还有待于进一步的探讨和厘清。究其造成这种现象的根本原因就在于没有认识到动画多媒体学习研究的复杂性，没有在一个更为整体的框架中考虑，没有将动画多媒体呈现形式与学习材料性质、教学内容设计方式、学习者个体特征和具体的教学策略实施方式等因素有机

第五章 动画情境下多媒体学习实验研究的讨论与结论

结合起来，没有采用交互作用的系统观点去进行分析研究。通过本研究的实施，可以看到强调多因素相互作用下的动画多媒体学习研究是可行的而且是有效的。

（二）动画多媒体学习过程的"双重情境性"

通过上述系列实验中学习者的眼动轨迹分析，可以看到学习者采用不同多媒体信息呈现形式进行学习时需要特定信息，且要不断地"追踪"，学习者在追踪特定信息的过程中，不是随机观看的，而是有一定规律的。动画多媒体学习过程具有"双重情境性"，即在动画＋文字信息呈现形式下，学习者的认知加工过程是以文字信息为主，动画信息为辅的。而在动画＋解说信息呈现形式下，学习者的认知加工过程则是以动画内容为主，解说信息为辅的。这个研究结果与佘晓清等人（2007）[140]和贾祖卡（Jarodzka）等人（2010）[141]的相关研究结论相一致。双重情境性加工过程产生的根本原因在于学习者个体内部认知过程有两种最基本的心理机制：一是自上而下的概念驱动加工过程；二是自下而上的数据驱动加工过程，这两种基本的认知过程决定了动画多媒体学习过程的两个基本方面[142]。尽管学习者在面临不同类型动画多媒体时信息加工模式有着明显差异，但同时也可看到不同类型动画多媒体学习过程的共性：学习者对多重样式表征的信息进行加工时往往都需要将文本（或言语）信息和画面信息进行有机整合，这有力地支持和发展了梅耶的多媒体学习认知理论模型。

（三）眼动方法在动画多媒体学习研究中的独特性

传统多媒体学习研究通常采用反应时间（错误率）测定法和追踪测量法的实验室实验法。前者主要是测试被试进行某一认知过程的时间或正确率。这个方法对于像知觉和再认等较为简单的认知任务是可以的，但是对于涉及复杂信息加工过程来讲，用一个反应时数据来描述多认知成分显然会过于粗糙。追踪测量法要求被试在实验过程中随时报告相关信息，该法虽然能够对正研究的认知过程进行同时测量，但明显的是实验条件会干扰正常所要研究的认知过程，而且被试的报告会存在一定的主观性，极易受其表达能力等多种因素影响。而眼动分析作为一种贴近自然状态的心理测量技术，它能深入揭示出具体复杂认知活动的实时性机制。因此，眼动研究是目前正在被广泛应用到多媒体学习研究领域中的新研究方法和技术。通过监控被试的眼球运动不仅可知道被试内部心理运作结果，而且更为重要的是也可以揭开学习者认知结构随时间改变的过程，即监控眼球相当于随时监控认知过程[143]。另外，在工作记忆资源分配测量时使用眼动仪，不仅能够很好地评估学习者与教学工具的互动情况，而且借由分析呈现图片与文字整合的不同形式，能显示出学习者获得信息时的加工处理差异。当前，关于图文结合的眼动研究非常多并且成果丰硕，但是对于动画媒体形式或影视媒体形式的研究在国内外还只是刚起步。这主要是两方面原因造成：一是动画或影视媒体的眼动研究数据庞大，进行分析处理时需要一种新的计算方法；二是动画或影视方面的实验材料较难开发制作。因此，非常有必要在动画多媒体学习研究中尝试眼动行为分析研究方法，以探索一种新的数据处理分析与研究范式。

眼动行为分析法运用在心理学领域研究中已近四十年，其主要是用科学的方法来研究当人们在做不同认知作业时，眼球的移动方式是不是也可以反映出一些不同的认知过程，如注意力运作的机制、偏好态度、中文阅读理解过程，甚至也成为测谎与临床治疗的重要诊断工具[144]。上述研究的过程及成果表明，基于眼动仪的眼动行为分析法探讨动画多媒体学习成效是切实可行的新研究方式。通过诸如注视点次数、注视点时间、动画与文字区注视点的平均时间值、动画与文字区注视时间的百分比、视线轨迹等参数的数据差异分析，能够深入了解不同特征学习者在动画多媒体学习过程中，注意力分布与内部知识建构的关系，从而能够设计出更加符合学习者有意义学习的多媒体信息组织形式，进而能够从更深层次上理解和促进学习者的多媒体学习。相对于完整严谨的实验室研究，在自然课堂教学实施过程中的教学心理研究一直是多媒体学习研究中的短板[145]。尤其是动画多媒体学习过程研究更加需要眼动能为所研究的心理过程提供实时动态的信息，受科研技术设备发展的影响，这方面的研究正在萌芽并处于快速发展过程中。伴随着便携式眼动设备的出现，自然课堂教学情境中动画多媒体眼动行为分析研究能够更加相对完整地呈现自然课堂教学环境中学习者多媒体学习的主动认知过程[146]。

第五章 动画情境下多媒体学习实验研究的讨论与结论

多媒体学习研究实质上在认知机制方面主要是研究学习者个体的多元编码整合过程是如何发生的。而这个过程的研究在目前研究条件下，还只能是通过外部的行为数据推测分析而得到[147]。但是，随着 FMRI 和 ERP 等认知神经科学研究方法的日趋成熟，直接研究分析学习者个体大脑内部中信息多元编码加工的过程成为可能，这将会在更深更广层次上拓展动画多媒体学习的研究领域，能使人们越来越清晰地看到多媒体学习的本质[148]。结合 FMRI 和 ERP 认知神经科学方法技术的动画多媒体学习机制研究将会迅速成为未来多媒体学习研究的新热点和新发展方向[149]。

二、动画情境下多媒体学习的实验研究结论

（一）研究结论

（1）动画多媒体促进学习者学习效果提升的条件是多媒体信息呈现方式与学习材料的不同性质、教学内容设计的各种形式、学习者个体特征和不同教学策略方法的综合作用，但是它们的具体作用表现各异：

第一，学习材料性质和多媒体信息呈现方式两者之间不存在显著交互作用，但是多媒体信息呈现方式的主效应显著，表明在计算机环境下适合学习者采用的多媒体学习方式是动画＋解说形式，该形式会比图片＋文字形式更容易且更清晰地表征学习内容信息。

第二，在教学内容设计方式和动画多媒体信息呈现方式的交互作用下，系统控制设计形式适合与动画＋解说多媒体形式相结合，且会取得最好的学习效果。而在自主控制设计形式下不同动画多媒体类型的学习效果无显著差异。

第三，在空间认知能力水平和动画多媒体信息呈现方式的交互作用下，低空间认知能力水平的学习者适合采用动画＋文字形式学习，而高空间认知能力水平的学习者则适合采用动画＋解说形式来学习。

第四，在动画多媒体形式和不同教学策略形式的交互作用下，问题解决式教学策略与动画＋解说方式相结合的学习效果较佳，而在学习参与度方面合作讨论式教学策略与动画＋解说多媒体方式结合学习效果较佳。

(2) 动画情境下多媒体学习过程具有双重情境性，即有动画呈现时学习者信息加工处理会以动画为主，文字解说等其他信息为辅；没有动画信息呈现时，学习者信息加工处理会以文字信息为主，图片解说等其他信息为辅。

(3) 眼动行为分析实验方法能够从视觉心理更深层次上揭示学习者在不同多媒体信息呈现方式下的注意力分配过程，揭示学习者眼动行为和学习效果之间的紧密关系。一般认知行为反应和眼动行为分析相结合是时下动画情境下多媒体学习的一种理想研究模式。

（二）研究不足

因为时间、人力和物力的限制，本研究对象仅限于选取本地区本学校224名大学生为研究对象，研究结果欲推广到其他地区及年龄层，还需慎重或进行进一步的深入研究。同时，教学实验时间也仅为两周，如果教学实验时间过长或许结果会有所不同。学习内容或信息的选择上多是关于包含一定因果链或操作流程性的科学概念类学习主题内容，实验结果能否在更广范围的知识学习领域中得到推广还有待进行更加深入系统而严谨的后续研究。总之，本研究主要是为动画情境下多媒体学习研究的开展提供了一个大的整体研究框架，展示并应用了一种新的研究思路和方法，里面还有许多内容有待得到进一步深入系统的后续研究。

第六章 动画情境下多媒体学习研究的未来发展展望

　　自 20 世纪 70 年代以来，多媒体学习的科学研究历经数十年的积极探索和深入分析，其认知理论和教学设计理论俨然已经成熟，并被有效应用于教学资源实际研发和学校课程教学实践之中。然而，从要形成一个理论扎实、方法得当和应用可实证的专门研究领域或学科来讲，它仍然面临诸多挑战迫切需要加以解决：学习者对多媒体信息进行选择、组织与整合的具体机制是什么？实验室情境下得出的多媒体教学设计原则能否可以迁移应用于复杂多变的课堂教学一线实践？脑机制研究的突破对学习微观活动机制的揭示有何启发？等等，伴随着新学习理论和研究方法的不断涌现，尤其是时下受脑认知科学发展的影响，多媒体学习科学研究往往会涉及多学科领域的研究前沿，也往往会需要进行多学科交叉性综合研究[150]。近些年来，越来越多原本从事生理学、生物学、基因组学、计算机科学、社会学、数学和逻辑学等专业领域的研究人员，正在积极加盟到对多媒体学习这一现象的机制研究中来[151]。尤其是最近几年来，从脑认知科学角度对多媒体学习展开跨文化的心理机制研究正在如火如荼地进行着。同时，相关领域的国际研究合作活动也发展快速且联系日趋紧密，更多地区性或国际性组织正在形成，各类地区性或国际性学术会议也在频繁召开[152]。当下，一方面需要全面收集、解读并跟踪脑认知科学研究的已有重要成果，积极借鉴和采纳更为先进的研究技术和工具手段；另一方面更需开展脑认知科学研究与多媒体教学实践活动的联合工作，在脑认知科学的基础上进行多媒体教学实践活动的创新，尤其是在现代教学技术手段的支持下，积极提出新教育理论、教学策略与模式，设计和创造出新的学习环境和学习活动实践形式[153]。

一、脑认知科学视角下多媒体学习认知理论的创新

最近三十多年来，人们一直致力于研究文本是如何被理解的，而且也较为详细地揭示了人类在文本信息处理的具体加工机制，但对于人是如何理解图像或其他形式动态多样式表征信息加工处理的研究却并不多见。与之相对应，虽然大量的最新科学研究为多媒体学习认知理论模型的科学性完善提供了重要的实证支撑，但这并不意味着多媒体学习认知理论模型是完美无缺的[154]。比如，这一理论模型并没有真正揭示学习者是如何同时理解文本和图像的，对多媒体学习过程中学习者认知过程中语词与图像整合机制的概括依然非常模糊和笼统。近些年来，研究方法和实验技术的新发展已经给脑认知科学带来了重大的理论突破，人类对多媒体学习的研究正逐渐从间接转向直接、从猜测转向实证、从模糊趋于清晰。实时观测神经活动（非浸入性成像技术）研究技术的出现，使人们在展开脑认知、人工智能、学习机制研究等方面有了新的方法和实现路线[155]。利用高分辨率时空成像技术来解析神经环路的功能性动态调控规律、来理解脑的信息加工过程及脑高级功能，进而能够全面系统地揭示人类学习的奥秘[156]。新研究方法和技术使人们能够在更系统、更深入的水平上研究脑神经网络活动及其调控机制。与严格的行为数据相比，来自脑认知科学等方面的新技术方法将会使多媒体学习机制研究的信息更为丰富，对人脑基本认知功能的解释也更为直接和可视化[157]。

（一）多媒体学习过程的微观脑认知发生机制

人脑是世界上最为复杂的物质系统，一直都被人们认为是一个无法探明的"黑箱"。脑科学，被发达国家视为人类的最后的科学尖端，科研领域"皇冠上的明珠"[158]。自1990年起，世界各国都相继制定了各自的脑科学计划，如欧盟的计划主要是模拟脑，美国的计划主要是绘制脑图谱，日本与德国的战略重点则是机器人和数字化。纵览欧美日德等国家的脑科学计划，目前基本展开了"脑疾病的治疗"。中国脑科学计划正在酝酿中，而中国应用物理手段在治疗神经元退行性变疾病方面已领先于世界，这既

第六章 动画情境下多媒体学习研究的未来发展展望

应是制定中国脑科学计划的基础,也应是我们的"特色"与"优势"之所在。脑科学研究正沿着"认识脑——保护脑——应用脑(开发脑)"的路线进行着深入而系统的拓展[159]。几百年来,科学家们一直试图破解人脑的内部机制,但由于我们的"思维器官"的极其复杂性,学者们一直缺乏对脑机制的有效理解。于是人们采用了"隐喻"这一方法论来处理,即一种比喻、类比,是人们以一种熟悉的事物来暗喻另一种要研究的事物(往往不熟悉、不清晰),从而帮助人们更好地洞悉要研究的事物之本质。行为主义以动物学习来隐喻人的学习,并暗含着学习是反应的强化的观点,强调外部行为的改变是学习发生的真正指针[160]。认知主义以计算机加工信息的方式来隐喻人的学习,它把信息在计算机内部的接受、存储、加工、调用的过程类比为人脑加工信息的过程[161]。行为主义和认知主义的共同方法论特点是:由于缺乏直接介入人脑的工具和手段,只能运用隐喻的方式来间接地、推测式,甚至是略带模糊地展开人类的学习研究[162]。科学技术的发展使得人类观察事物的能力大大拓展,特别是包括对大脑学习机制的深度的、直接的观察[163]。20 世纪 80 年代,脑科学家们可以运用非浸入性脑成像技术来观察运行中的人脑。借助于非浸入性脑成像技术(当人在进行一种特定的认知或学习时,某些神经元就会处于活跃状态,它们会改变自身的局部供血,从而科学家可以通过检测脑供血区域的变化来追踪认知过程中脑的哪个区域被激活[164]。目前该技术主要包括正电子放射断层 X 线摄像术和功能性磁共振成像术等),人类第一次可以观察思考过程中的脑活动[165]。传统隐喻的、间接的和带有推测意味的学习研究方法开始面临着全新的挑战。

人脑中拥有两种类型的脑细胞——神经胶质和神经元。神经胶质细胞约占大脑细胞的 90%,它的作用是多方面的,主要是起到保护与支持神经元作用(产生髓鞘、脑血屏障的结构性支持、运送营养和调节免疫系统);神经元约占人脑的 10%,主要是负责信息传递与回应,它主要包括三种结构:细胞体(soma)、树突(dendrites)和轴突(axon),其中细胞体主要是负责提供能源(组成大脑灰质);树突主要是接收来自其他神经元的信息;轴突则是将信息传给另一个神经元(组成大脑白质)。信息通过神经元细胞的电位和化学两种形态传递。当外在的刺激量达到阈值,分布在轴突内外的离子就会产生短暂的电位逆转（动作电位），并在沿着轴突向前传递，最终传递到轴突末端（突触），突触内的突触小泡（末端囊泡）就会释放出一定的化学递质神经传导物，这些化学递质会以扩散的方式穿越突触细胞之间的空隙，与突触后细胞的感受体相结合，产生兴奋与抑制的电位差，进而延续信息的传递。学习的脑认知发生根源在于脑神经细胞的基本运作，即神经冲动的传递与长期增益效应（当个体接收外界环境刺激，大脑会不断改变、重组神经元间的网络系统，持续的学习会促发神经网络加强联结，停止学习则减弱神经联结甚至消失，连续的神经活动促成联结通路的敏感化，使突触电位更容易达到阈值）。

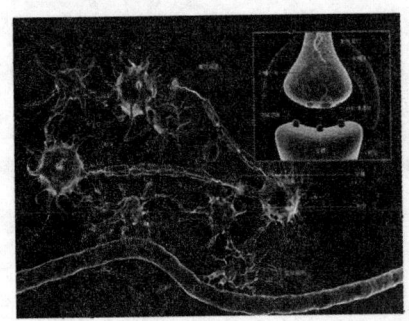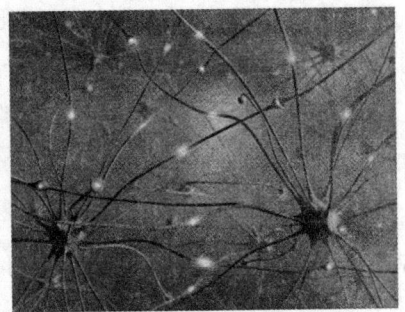

图 6-1　学习源于脑神经细胞的基本运作

　　神经元细胞突触传递信息的历程代表着神经元相互联结的路径，这是记忆和学习的生物性基础。记忆是神经元细胞间突触的功能性形变（变化），记忆的关键在于神经元间能否产生有效的联结，而有效的联结往往都是与重复的次数相关。另外，学习的产生往往需要更多不同组织之间的有效联结。

（二）多媒体学习的宏观社会认知发生机制

　　诸多领域的新见解正在改变着教育的实施方式，生成了一个新的学习理论——社会认知学习观，即人的心理和思维发展往往依托于人所处的社会文化环境，学习者在内外部诸因素交互作用的过程中得到了提升和发展[166]。当前，社会认知学习理论主要表现为三个基本原理[167]：（1）学习

第六章 动画情境下多媒体学习研究的未来发展展望

是通过计算来实现的。学习者具有强大的计算能力,能从经验统计计算模式中推断出周围环境的结构模型,并利用经验统计计算模式来学习语言和因果关系;(2)学习是通过具有可塑性的脑来完成的。学习记忆过程可以塑造大脑的结构和功能,同时,大脑特定的结构和功能也在影响、优化着学习者的学习行为及认知过程[168];(3)学习是通过社会互动来实现的。学习者在与其他人的互动中迅速学习,并倾向于关注和模仿别人的行为。时下,学校教育正越来越关注和体现社会学习的交互作用原则[169]。同时,人们也发现人类进行学习时需要具有三个基本社会技能:模仿、共同注意和共情理解,它们形成了人类发展的基础[170]。其中,观察和模仿学习是一种强大的社会学习机制,学习者可大量模仿他人的行为,利用他人的信息来增加自己的知识并提升自我;共同注意是社会学习易化的一个重要途径,它让不同的学习者对同一物体和事件进行共同关注,进而为他们的共同交流提供基础;共情理解的能力对学习者的学习至关重要,很多学习过程往往都受特定感情过程的影响与制约。按照脑认知科学家的建议,编排的、浸润性的、充满互动的、充分激趣的和具有积极加工经验的学校教育教学活动最有可能让学习者投入其中,形成具有共同体特征与内涵的参与感,产生自然的有意义知识和高效学习,从而帮助学习者获得最优的学习体验和大脑发展。

脑的成长需要丰富的社会文化环境和不断的体验。因此,最有效的学习方式是情境式学习,教会学生思维技能的最有效方式是在真实的(或模拟的)条件下引入真实世界问题[171]。对于年龄小的学习者,简单的游戏能够产生适合教授思维的环境。对于青少年,分享我们的思维过程,同他们一起应对个人挑战,分派复杂的、小组导向的项目和分析案例学习,都是向其教授思维技能的极好方式。在任一水平上,最为重要的是要向学习者示范高水平的思维,即用语言表达自己的思维过程,如斟酌证据、考虑后果和进行决策[172]。基于脑科学的教学研究与实践框架主要包括以下六个点[173]:(1)整体性:个体看似简单的行为都是汇整大脑许多部位合力达成,虽然各种感官在大脑皮质有不同的投射区,其功能却依赖皮质整体的联结。整体性核心说明大脑信息处理不会只对片段、单一的信息加工,而是对信息依托的复杂情境做出整体性的感知、反应与建构;大脑的运作同时包含意识和无意识的过程。因此，认知与情感应被视为不可分割的整体，情绪引导注意力，影响学习者创造意义与形成记忆的过程。人类的心理能力不是单一发挥，而是整体协调的结果，大脑倾向整体获取经验的特性；（2）意义性：大脑学习的意义性，启示教育者在课程设计上应考虑学生实际的基本需求，内容上能从生活开展、且与我们所处的世界产生联系，当知识本身是可用时，大脑自然容易被吸引且乐于学习。无论在课程编排上、教学内容上，建议教师最好能从学生能接触、可运用的生活经验来选取课程题材和设计课程内容，让学生在接受教育的过程中，很清楚地掌握知识能用到哪里？自己可以如何使用？经由意义与情感的激发，加强大脑对信息的联结与处理；（3）互动性：学习中无论来自人或物的互动，都能促成大脑分泌多巴胺，固化目标行为的神经回路。显现互动中的反馈和彼此的响应是有效学习与信息交流的关键。建议教师在课堂教学能经常鼓励师生之间、学习者间进行双向沟通，意见交流中产生的具体性、即时性和建设性回馈，不仅能协助学生修正行为与澄清概念，愉悦而受关注的人际互动，也会让大脑释放更多多巴胺，让学生延续学习的动力；（4）支持性：人们总是先处理感觉然后才进行思考，倘若学生的学习环境充满敌意、威胁与焦虑，大脑皮质就不可能专心思考、清晰运作。负向的情绪、充满敌意与压力的环境，影响的不只是认知功能，也可能减弱个体调适压力的能力，导致更多精神疾病的可能性。建议教学上，教师应展现开放接纳的态度，提供支持与关怀的学习气氛，此举将有利于引导学生在温情而有安全感的情境中全心地投入到学习活动中；（5）多元性：从大脑运作处理过程的研究发现，同一脑区会参与多个而非单一的认知过程，多样化的学习（如音乐、体育、艺术课程等），能促成领域间的联结与激发，提升不同的能力。脑科学的例证为教育中多元课程平衡与多种方式学习找到立论的基础，直接挑战教师"想改善某学科能力就增长特定学科学习时间"的思维，正确适配的教学方法与多种课程（此指音乐、艺术、运动）课程的学习，更符合大脑学习的特性。启示教育者在课程安排上，除考量领域和知、情、意、动间的平衡之外，教学上还应分析教材的特性，以弹性而多变化的策略，提供学生较适合的信息登录方式或透过不同的联系方法，协助学生反复学习而不枯燥；（6）独特性：不同的遗传倾向与不同环境的

第六章 动画情境下多媒体学习研究的未来发展展望

经验互动,勾勒出个体独一无二的大脑皮质地图,例如,从功能性磁核共振仪中,神经学者观察到小提琴家有比一般人大的小拇指皮质地图,但即使在职业小提琴家中,也因其学琴年纪、练习频率而有不同的小拇指皮质地图。两性大脑的结构与发展也有差异,脑科学家发现两性大脑在语言、空间记忆、运动协调、人际相处的发展,不仅顺序不同,成熟时间与进行也不相同,大脑生理差异影响两性感知信息、吸收信息和处理信息的方式。脑科学研究提供教师对大脑整体样貌与趋势的理解,独特性提醒教师在教学过程中应考量性别与个别化经验的影响,呈现与孩子学习风格相搭配的信息,他们可以学得更有效。

总之,脑科学影响下的多媒体学习研究在具体的教学实践过程中需要重点注意以下四个方面的内容[174]:(1)在积极而投入的感知中引导:感官教育是一切教育的基础,少了完整的感官知觉,就无法完整的学习。现今以口述文字为主、辅以少量视觉教材的学习,较难以引发学生内在深层的体认与启发,不容易形成与学生自身的联结,更无法建构起个体与教材间意义的联系。因此,在实际的一线教学实践过程中,感知的引导应从实物或动态视觉刺激入手,结合大量听、嗅、触、动觉等多重感官的体验,或从与学生切身紧要的情感层面,以情养智,通过恰当的情感激发,导入能够让学习者积极投入的学习;(2)在放松而警觉的气氛中教学:唯有爱与归属需求和尊重需求被满足后,个体才会有求知的新需求。脑科学研究证实威胁高压的环境会导致神经传导物的失衡,引发怯战或逃避反应。反之,个体处于松弛而警觉的状态则较容易获得最佳的学习效果。课堂中威胁的来源,可能源自充满敌意的教师、同伴或枯燥乏味的课业与学习的挫折。因此,在实际的一线教学实践过程中,教师应营造友善接纳的气氛,设立公正清楚的规定,在支持与关怀的情境中,鼓励学生积极投入参与和主动创新,使孩子们能够经由二高二低(高挑战、高新奇、低威胁、低焦虑)获得智力成长与个性发展;(3)在完整而联结的体验中学习:在传统知识论的影响下,课程保有系统性、易评量和传递的优势,却也带来零碎、切割和脱离现实的后果,意义的联结被摒逐于学习之外,知识的应用则被排除于生活之中。脑科学研究指出,赋予实际生活意义后的信息会变得更容易学习,也会额外激发大脑其他的区域(内前额叶皮质区)。有意义联结的学习是学生将学习成果内化成主体的动力根源。因此，在实际的一线教学实践过程中，教师应关注学习对学生的意义，鼓励学习者自然地理解问题，从真实体验中解决问题，透过自身的创造与周围真实生活的关联中形成完整学习；（4）在多元而真实的情境中评价：脑科学的研究证实反馈对学习者动机持续和行为改变具有重大影响，然而什么样的评价比较能够更好地符合大脑特性？从大脑学习的独特性、多元性与意义性来看，教师给予反馈评定的建议，最好能根据不同的发展特性，提供学生在真实情境下自我表达与展现的机会，透过不同来源的反馈，深化学生对自我的认可。因此，建议教师在实际教学实践操作中，可采用多元、动态与真实评价的方式，帮助学生发展独有的个性才干，将评价视为面向学习者的自我反馈、自我建构和自我提升的过程，而非评估其最终成果的唯一工具。

二、动画多媒体学习原理及其学习效应的再分析

目前，动画多媒体是学习环境中新兴的一种受到教育者和学习者共同青睐的信息呈现方式。如果运用得好，则会产生很好的学习效果；反之，使用不当则会造成学习者的高认知负荷，发生认知过载现象，进而严重影响到学习者的学习效果[175]。因此，在将动画作为教学信息呈现方式时应认真考虑动画媒体信息呈现的优势与缺陷，寻找能够使动画呈现得到最优化的条件，只有这样才能从最大程度上提升多媒体学习的效果。

（一）多媒体学习动态表征效应（动画效应）存在的实验验证

根据梅耶的研究，在动态学习材料（动画＋解说）和静态学习材料（图片＋文字）这两个对比实验中，利用静态学习材料的学习效果要好于使用动态学习材料。若这条原理成立，就从理论上否定了动态学习材料的制作和使用的必要性。但是，仅通过对某一类学习中多媒体材料学习效果的考察就否定动画在学习中的独特作用显然是不合适的，这需要在不同的学习领域、不同的学习类型中开展大量实验，以验证动画效应是否存在以及动画学习材料的适用范围和条件。另外，动画学习材料在以模拟为基础的技能学习中可能具有独特的优越性，在操作形式考核中这种优越性可能

就更加明显。目前,基本的实验研究分析已经表明,动画多媒体学习效应的存在。但是,具体动画的那些属性,以及这些属性和多媒体学习的其他因素是如何交互作用共同影响着最终的学习效果,还有待于得到进一步细化而深入的实验研究。例如,动画呈现策略(自定步调呈现与自动播放呈现)、动画呈现交互性设计(有交互与无交互)等,都需要系列化的实验研究加以系统分析。

在传统的巴德利记忆模型看来,工作记忆是由语音回路与视觉空间画板这两个附属系统和中央执行系统(CE)组成。近几年来,巴德利对里面的工作记忆模型进行了发展。在传统模型的基础上,又加入了一个新的子系统,即情景缓冲区。巴德利认为,传统的工作记忆模型没有注意不同类型的信息是怎样整合起来的以及整合结果是怎样进行存储的。而情景缓冲区是一个能用多种维度代码存贮信息的系统,为语音回路、视觉空间画板和长时记忆之间提供了一个暂时的信息整合平台,通过中央执行系统将不同来源的信息整合成完整连贯的情景。情景缓冲区与语音回路、视觉空间画板并列,受中央执行系统控制,并能够保存中央执行系统完成的信息整合结果。在梅耶的研究中,文字模型与视觉模型的整合是多媒体学习中一个重要步骤,但梅耶的多媒体认知学习理论模型是建立在巴德利传统模型之上的,而传统的模型中并未涉及工作记忆中信息的整合与存储,也没有涉及情景记忆的问题[176]。所以,认知心理学中关于记忆和学习研究的新进展必将为多媒体学习研究提供新的视角。

(二)动画多媒体学习效应与学习者因素的交互作用效果分析

动画多媒体学习效果的好坏与学习者个体自身诸多因素的水平高低密切相关,例如,学习者空间认知能力、学习者原有知识经验、学习者学习策略丰富程度、学习者元认知能力和信息素养水平等[177]。将动画自身的属性与使用者(学习者)特征进行有机地整合,在因素交互作用的情境下分析多媒体学习效应,将会获得更为科学和准确的数据与结论。尽管近五年来,动画多媒体学习研究成果日趋丰富,研究领域也在不断地拓展中,但是能够从因素交互作用的视角来系统分析效果的研究依然不是很多。这一方面是受研究材料难以制作,研究系统设计困难,诸多因素较难控制的影响；另一方面也是因为交互作用下的研究数据往往都是巨大的，需要研究者具有巨大的耐心和过硬的计算分析能力。动画材料的复杂性和动态变化的内容，能清晰描述事物的动态变化过程，增加教学过程的趣味性。因此，动画多媒体特别适合用来描述呈现一些机械类或含一定流程要素环节的科学原理性教学内容。但同时也应该看到，动画对学习者的认知加工带来了巨大的挑战，使用不当极易产生"信息过载"或"认知负荷超重"现象[178]。所以，动画多媒体的教学设计与应用决不能简单的完全套用静态多媒体教学设计方法，而应该结合动画本身的特点和学习者的个性特征综合性的加以设计与应用。

三、学科教学实践中的动画多媒体学习应用研究

（一）基于设计的研究新范式兴起

以桑代克、斯金纳等为代表的心理学家对学习的科学探索多以提出假设、验证假设的实验室研究为主，强调对变量进行控制以及精确定量测量的重要性。这种变量控制与操作下的实验室研究和鲜活的课堂教学以及学习实践之间存在着显著差别，难以将经过简单化处理的实验室研究中得出的结论直接应用于课堂教学，因为真实的教学与学习情境往往不符合这些结论应用的边际条件。这种以分析还原为基础、集中于少数变量控制的实验室固定程序研究，难以实现对学习者真实情境下学习情况的全面了解，导致其提出的一系列多媒体教学设计原则的应用都具有苛刻的约束性条件。而要突破这一点，只有引入新的研究方法论——基于设计的研究，将研究场所从实验室转入鲜活而丰富的现实学科教学情境，在综合考虑各方面因素的过程中，通过教师、学生、研究者的共同参与，对复杂的教学实践进行深入探索。这一方面可以大大解除实验室研究施加在多媒体教学设计原则身上的那些苛刻约束性条件；另一方面还可以丰富和发展多媒体学习的认知理论，从而实现多媒体学习科学研究与学科教学应用实践改进的一体化。

（二）临床诊断与干预技术应用的重视

传统智力观认为学习者出现学习困难主要是学习者的智力存在一定的

第六章 动画情境下多媒体学习研究的未来发展展望

障碍状况,故常采用形式训练方式来重点提升学生的观察力、记忆力和想象力等。但实际上,学习困难生与优秀生的智力差别并不是简单地体现在思维过程和形式上,真正的差异在于当他们进行分析、综合、比较、抽象概括等思维时,其所加工知识内容的质量、性质、特征、结构等方面存在着显著差距。因此,有效把握学习困难者在具体学科知识学习和问题解决的过程中如何通过获取、加工和组织知识内容而进行思维的特点,才是学习成功与否的关键之所在。基于临床诊断与相关技术干预,能够使研究者实实在在地追踪到学生的学习过程和作用机制发生情境,亲自体察学生应用知识进行思维的实际过程,对学习的了解和理解要比其他任何形式的研究更加真实、深入和细致。

(三) 有意义高效学习系统模型的构建

脑认知科学和新媒体技术的发展,使未来学习形式和内容发生了深刻的变化[179]。学习是一个大脑积极参与的过程,是学习者诸认知功能和大脑各功能区综合发挥的过程,更是一个有趣、有效和高效的过程。学习活动的实施需要一定的心理结构要素,如知识呈现方式、选择性注意、元认知、内隐认知、非智力因素和学习策略。要实现学习的有趣、高效和有效,就必须在发挥脑认知功能的基础上,让上述心理参与要素按一定层次构成一个相对完善的系统[180]。基于此,本研究构建了一个有意义高效学习的系统模型,如图6-2所示:

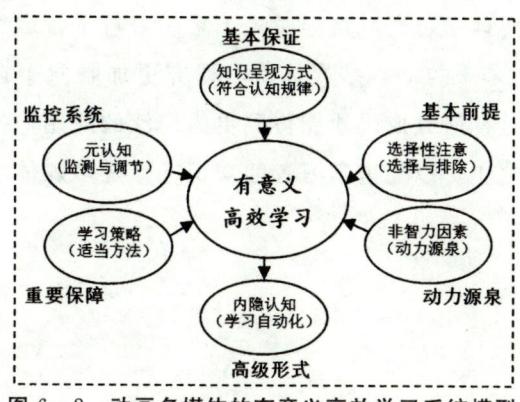

图6-2 动画多媒体的有意义高效学习系统模型

学习的本质是让学生通过领会和掌握知识来提高自身的问题解决和生存能力,而如何用适当方式来合理地呈现知识,会直接关系到学习的效率和效果[181]。符合学习者脑认知规律的知识呈现方式(如知识网络),是实现有意义高效学习的基本保证。在学习过程中,首先需要解决的是如何让学习者排除各种无关干扰,将注意力集中到所学知识内容之上,有效的选择性注意是学习者有意义高效学习的基本前提条件。学习是一个学习者主动学习并积极进行意义建构的过程,学习过程中应该让学习者对自己的学习过程和状态有清晰的认识与实时了解,这就需要学习者发挥元认知的作用——元认知是学习者有意义高效学习的重要监控系统[182]。此外,学习过程中学习者认知活动往往都需要有非智力因素的伴随参与,强烈的学习动机、坚强的意志力和良好的性格特征等非智力因素使学习者学习能够更加深入和持续,为其有意义高效学习提供了源源不断的动力。学习过程中还需学习者根据学习状况,选择最佳学习策略来完成任务——学习策略是实现有意义高效学习的重要保障。内隐认知则是学生在没有意识到要学习却掌握了某种知识和技能,它是有意义高效学习的高级形式,体现了学习者学习活动的自动化和智能化。

总之,动画作为一种集文本、解说、图片、动态图像、视频、音效等多种媒体形式为一体的信息表征形式,以它特有的优势被广泛应用于多媒体学习中。尽管整体上动画多媒体学习研究还仅仅只是处于起步阶段,还有很多问题有待于得到进一步的系统分析和深入研究。但伴随着技术的飞速发展,尤其是随着脑认知科学的迅猛发展,新研究方法和技术手段的不断涌现,动画多媒体学习研究将会成为未来学习科学领域中至为重要的一个研究热点[183]。未来的动画多媒体学习研究更加倾向于自然学习情境下进行,因为只有这样研究成果才能得到更为广泛的应用,把学习的科学应用于教学的实践之中,以促进学习者的知识迁移是多媒体学习研究的根本目的。

参考文献

[1] 张建伟、孙燕青:《教育技术的心理学研究》,北京,北京师范大学出版社,2003年。

[2] 胡卫星、宋菲菲、赵苗苗:《技术影响下新学习形式的心理机制研究综述》,远程教育杂志,2009年第3期,第15—20页。

[3] [美] 理查德·梅耶:《多媒体学习》,牛勇、邱香译,上海,商务印书馆,2006年。

[4] Mayer、R. E. (Ed.), *The Cambridge handbook of multimedia learning*, New York: Cambridge University Press, 2005.

[5] [美] 坦尼森等主编:《教学设计的国际观:解决教学设计问题》,任友群等译,北京,教育科学出版社,2007年。

[6] 李玉斌、戴心来、王朋娇:《现代教育技术实用教程》,北京,高等教育出版社,2010年。

[7] Heinich、Molenda:《教学技术与教学媒体》,郭文革译,北京,高等教育出版社,2008年。

[8] 王以宁、王永峰、孔得伟:《多媒体学习中的认知心理学因素考察》,开放教育研究,2005年第3期,第34—37页。

[9] Mayer、R. E. (Ed.), *The Cambridge handbook of multimedia learning* (2nd), New York: Cambridge University Press, 2009.

[10] Jonassen: *Is seeing believing? Features of effective multimedia for learning science*, International Journal of Instructional Media, 2000, 27 (4): 16—24.

[11] Bishop, Cates, *Theoretical foundations for sound's use in multimedia instruction to enhance learning*, Educational Technology Research and Development, 2001, 49 (3): 5—22.

[12] 百度百科:《动画》, http://baike.baidu.com/view/7262.html? wtp=tt.

[13] 邢方、张琳：《多媒体学习中动画表征的信息设计》，中国教育信息化，2010 年 17 期，第 54—56 页。

[14] 高文：《学习科学的关键词》，上海，华东师范大学出版社，2006 年。

[15] 刘儒德等：《多媒体学习的认知机制》，北京师范大学学报（社会科学版），2007 年第 5 期，第 22—27 页。

[16] 杨治良等：《记忆心理学》，上海，华东师范大学出版社，2009 年。

[17] Baddeley：*Is working memory still working?* European Psychologist, 2002, 7 (2)：85—97.

[18] Clack、Paivio：*Dual coding theory and education*, Educational Psychology Review, 1991, (3)：149—210.

[19] Rowe、Paivio：*Imagery and repetition instructions in verbal discrimination and incidental paired—associate learning*, Journal of Verbal Learning and Verbal Behavior, 1971, 10 (6)：668—672.

[20] Huib、Rob、Jeroen：*Multimedia instructions and cognitive load theory: Effects of modality and cueing*, British Journal of Educational Psychology, 2004, 74 (2)：71—75.

[21] Sweller、Van Merienboer、Pas：*Cognitive architecture and instructional design*, Educational Psychology Review, 1998, 10 (3)：251—297.

[22] Mayer R E.：*Multimedia Learning (2nd)*, New York：Cambridge University Press, 2009.

[23] Mayer R E.：*Aids to computer—based multimedia learning*, Learning and Instruction, 2002, 12 (1)：107—119.

[24] Schnotz、Bannert：*External and internal representations in multimedia learning*, Learning and Instruction, 2003, 14 (2)：117—123.

[25] Schnotz、Bannert：*Construction and interference in learning from multimedia representation*, Learning and Instruction, 2003, 13 (2)：141—156.

[26] 曾敏珍：《台湾大专学生纸本与超文本阅读理解之比较研究》，中国台湾，淡江大学，2006 年。

[27] 陈思齐：《超文本环境下叙事文本类型与结构对阅读之影响》，中国台湾，台湾交通大学，2000年。

[28] 吕芸桦：《网络超文本的阅读理解历程之探讨》，中国台湾，淡江大学，2004年。

[29] Antonenko、Niederhauser：*The influence of leads on cognitive load and learning in a hypertext environment*，Computers in Human Behavior，2010，26（2）：140−150.

[30] 张智君、任衍具、宿芳：《结构、任务类型和导航对超文本信息搜索的影响》，心理学报，2004年第5期，第534−539页。

[31] 张智君、沈昉、朱伟、唐日新：《文本组织和结构化水平对中文信息搜索的影响》，心理科学，2005年第2期，第368−370页。

[32] 牛文佳：《多媒体不同呈现速度下文本呈现方式对通道效应、学习效果和认知负荷的影响》，北京，北京师范大学，2007年。

[33] 裴学梅：《文本结构和认知风格对超文本学习绩效的影响》，安徽广播电视大学学报，2009年第4期，第25−29页。

[34] 张智君：《超文本阅读中的迷路问题及其心理学研究》，心理科学进展，2001年第2期，第5−10页。

[35] Destefano、Lefevre：*Cognitive load in hypertext reading：A review*，Computers in Human Behavior，2007，23（3）：1616−1641.

[36] 曾育慧：《超媒体模态对阅读行为及理解的影响》，中国台湾，台湾政治大学，2010年。

[37] Salmeron、Baccino、Canas、Madrid、Fajardo：*Do graphical overviews facilitate or hinder comprehension in hypertext?* Computers & Education，2009，53（4）：1308−1319.

[38] 柴松针：《文本与图表的具体性对学习成效和认知负荷影响的研究》，北京，北京师范大学，2006年。

[39] 刘儒德、赵妍、柴松针、徐娟：《多媒体学习的影响因素》，中国电化教育，2007年第10期，第1−5页。

[40] Gallavan、Kottler：*Eight Types of Graphic Organizers for Empowering Social Studies Students and Teachers*，Social Studies

2007，98（3）：117—123.

[41] 吴素芬：《图形组体教学对小学四年级学生分数概念学习成效之研究》，中国台湾，台北教育大学，2009年。

[42] 柯姿伶：《图形组织运用于小学二年级国语课文大意教学之行动研究》，中国台湾，台北教育大学，2010年。

[43] 林香廷：《图形组体应用在小学三年级社会领域主题教学之研究》，中国台湾，台中教育大学，2009年。

[44] Sandra、Mercuri：*Using Graphic Organizers as a Tool for the Development of Scientific Language*，Gist Education and Learning research Journal. 2010，4（1）：30—49.

[45] 徐娟、刘儒德、柴松针、宋灵青：《多媒体环境下图文的具体程度对学习效果的影响》，应用心理学，2008年第3期，第238—243页。

[46] 赵妍：《多媒体图文语义关系对图表学习效果及认知负荷的影响》，北京，北京师范大学，2006年。

[47] 陈红艳：《多媒体呈现方式对认知负荷与学习成效的影响》，北京，北京师范大学，2004年。

[48] 张丽、盛群力：《技术应如何致力于促进学习？——梅耶论多媒体学习与教学设计的原则》，远程教育杂志，2009年第2期，第18—22页。

[49] Susan Veronikas、Michael F. Shaughnssy、盛群力：《教育心理学与教育技术学联盟：促进学习者认知变化——与理查德·梅耶教授访谈》，远程教育杂志，2008年第1期，第21—26页。

[50] 邱亮基：《电影式生命教育课程对小学学童自我概念影响之研究》，中国台湾，台北教育大学，2007年。

[51] Calisch：*From reel to real：Use of video as a therapeutic tool*，After image，2001，29（3）：22—24.

[52] Risko、Kinzer、Rowe：*Effects of videodisc macro — contexts on comprehension and composition of causally coherent stories*，ERIC Document Reproduction Service No. ED 318 998.

[53] Cognition and Technology Group at Vanderbilt：*The Jasper experi-*

ment: An exploration of issues in learning and instructional design, Educational Technology Research and Development, 1992, 40 (1): 65—80.

[54] 曾明丽:《影片教学融入小学四年级水生家族教学之研究》,中国台湾,台北教育大学,2006年。

[55] 黄慕雄、刘广:《美国教育电视研究现状与特点——基于 ERIC 近 15 年的文献研究》,电化教育研究,2010年第10期,第116—120页。

[56] 杨方琦:《近十年我国教育电视学术论文的内容分析研究》,电化教育研究,2011年第2期,第44—48页。

[57] 陈郁雯:《计算机仿真对学生学习成效影响之后设分析》,中国台湾,新竹师范学院,2004年。

[58] 林菁:《动画中之颜色和背景与儿童记忆和理解学习之探讨》,台湾嘉义师范学院学报,2006年第10期,第21—24页。

[59] 张立夫:《探讨利用动态表征与静态表征教学对概念学习成效影响之研究——以波的叠加原理单元为例》,中国台湾,台湾交通大学,2010年。

[60] Kerr、B., *Effective Use of Audio Media in Multimedia Presentations*, Proceeding of the Mid-South Instructional Technology Conference, ERIC Document Reproduction Service No. ED 436121.

[61] 龚德英:《多媒体学习中增加相关认知负荷影响学生学习的实验研究》,重庆,西南师范大学,2005年。

[62] 郑欢欢:《超文本和背景音乐对多媒体学习的影响》,开封,河南大学,2008年。

[63] 李卫华:《背景音乐对记忆的影响研究》,武汉,华中师范大学,2008年。

[64] 丁俊霞:《多媒体环境中呈现方式和背景音乐对中学生认知负荷的影响》,开封,河南大学,2010年。

[65] Mann, *The evolution of multimedia sound*, Computers & Education, 2008, 50 (4): 1157—1173.

[66] Manna、M, *An expert teacher's thinking and teaching and instruc-*

tional design models and principles: An Ethnographic study, Educational Technology Research and Development, 1999, 46 (2): 37—64.

[67] 谢幼如、王淑芳、董继燕:《教学设计的研究热点与发展趋势》,电化教育研究,2011年第2期,第16—19页。

[68] 刘儒德、陈琦、David Reid:《基于计算机的插图工具对科学说明文的意义建构的影响》,心理与行为研究,2005年第3期,第4341—4345页。

[69] 宋振韶:《教科书插图的认知心理学研究》,北京师范大学学报(社会科学版),2005年第6期,第12—14。

[70] Roxana Moreno、Richard Mayer, *Interactive Multimodal Learning Environments*, Educational Psychology Review, 2007, 19 (3): 309—326.

[71] Jeroen、Merriënboer、Sweller, *Cognitive Load Theory and Complex Learning: Recent Developments and Future Directions*, Educational Psychology Review, 2005, 17 (2): 147—177.

[72] 张弘毅:《插图类型与呈现方式对不同认知风格初中生认知负荷的影响》,开封,河南大学,2010年。

[73] 林明霞:《信息不同组合方式的多媒体教学效果的实验研究》,大连,辽宁师范大学,2008年。

[74] Roxana Moreno、Alfred Valdez, *Cognitive load and learning effects of having students organize pictures and words in multimedia environments: The role of student interactivity and feedback*, Educational Technology Research and Development, 2005, 53 (3): 102—112.

[75] 栾文娣:《多媒体学习效果研究》,南京,南京师范大学,2007年。

[76] 刘儒德、徐娟:《外在暗示线索对学习者在多媒体学习中自我调节学习过程的影响》,应用心理学,2009年第2期,第131—138页。

[77] 罗瑛:《学习者与学习材料的交互性及反馈形式对多媒体学习效果的影响》,长沙,湖南师范大学,2009年。

[78] 刘宏程:《辅助信息呈现方式对不同场认知风格学习者多媒体学习效

果的影响》，长沙，湖南师范大学，2009年。

[79] Mayer、R.E.（Ed.），*The Cambridge handbook of multimedia learning*（2nd），New York：Cambridge University Press，2009.

[80] Gerven、Merrienboer、Hendriks、Schmidt，*The efficiency of multimedia learning into old age*，British Journal of Educational Psychology，2003，73：489—505.

[81] Tariq M Khan，*The effects of multimedia learning on children with different special education need*，Social and Behavioral Sciences，2010，2：4341—4345.

[82] 洪郁婷：《3D虚拟现实教学软件在不同性别及学习风格之数学学习成就及学习态度的研究》，中国台湾，屏东师范学院，2005年。

[83] 周芳华：《从性别与学习风格探讨传统教材与多媒体辅助教材对计算机硬件组装学习成效的影响》，中国台湾，台湾交通大学，2007年。

[84] Katherine，*Cognitive individual differences and display design techniques predict transfer learning with multimedia learning modules*，Computers & Education，2009，53：1339—1354.

[85] 陈铮：《信息呈现方式和学生的认知风格对多媒体环境下科学学习效果影响的实验研究》，重庆，西南师范大学，2004年。

[86] 陈彦垒：《信息呈现环境和方式对不同场认知风格大学生学习效果的影响》，南昌，江西师范大学，2007年。

[87] 康诚：《信息呈现方式与学习者的认知风格、空间能力对多媒体环境下学习效果的影响》，兰州，西北师范大学，2007年。

[88] Mayer、R.E.、Chandler、P，*When learning is just a click away：Does simple user interaction foster deeper understanding of multimedia messages?* Journal of Educational Psychology，2001，93：390—397.

[89] 梁雪娟：《空间能力与动画学习对学习成效影响之研究》，中国台湾，彰化师范大学，2005年。

[90] Koroghlanian、Klein，*The Effect of Audio and Animation in Multimedia Instruction*，Journal of Educational Multimedia and Hyperme-

dia. 2004, 13 (1): 11—23.

[91] Yeh、Y. Wang、C. W, *Effects of multimedia vocabulary annotations and learning styles on vocabulary learning*, CALICO Journal, 2003, 21 (1): 131—144.

[92] 许秋瑾:《学习风格与教材呈现对小学学童学习溶液酸碱性之研究》,中国台湾,台南师范学院,2003年。

[93] 潘伯正:《教材媒体组合方式与知觉偏好对学习成效与认知负荷之影响》,中国台湾,台北教育大学,2009年。

[94] Mayer、Gallini, *When is illustration worth ten thousand words?* Journal of Educational Psychology. 1990, 82: 715—726.

[95] Kalyuga、Chandler、Sweller, *Managing split — attention and redundancy in multimedia instruction*, Applied Cognitive Psychology, 1999, 13: 351—372.

[96] 王铭山:《多媒体呈现方式与先前知识对小学生「气象」主题学习结果之影响》,中国台湾,台湾中正大学,2008年。

[97] 邱志忠:《小学教师运用信息技术融入学科教学的教学策略研究》,中国台湾,台湾交通大学,2007年。

[98] 周玉霞、李芳乐:《问题解决的研究范式及影响因素模型》,电化教育研究,2011年第5期,第18—25页。

[99] 邓铸:《问题解决的表征态理论与实证研究》,南京,南京师范大学,2002年。

[100] 王宗霖:《问题解决教学策略对小学生程序设计学习表现及学习态度之影响》,中国台湾,台湾师范大学,2009年。

[101] 袁维新、吴庆麟:《问题解决:涵义、过程与教学模式》,心理科学,2010年第1期,第151—154页。

[102] 王英豪:《梅耶多媒体学习研究探析》,上海,华东师范大学,2010年。

[103] 张格瑜、佘晓清:《运用眼动仪探讨不同学科背景大学生之细胞扩散和渗透作用的心智表征建构》,中国台湾,台湾交通大学,2008年。

[104] Bjorn, *Facing the future with 3D facial recognition technology*,

Biometric Technology Today，2009，17（1）：8—9.

[105] Boucheix、Lowe，*An eye-tracking comparison of external pointing cues and internal continuous cues in learning with complex animations*，Learning and Instruction，2009，1（13）：450—467.

[106] 莫雷等著：《心理学研究方法》，广州，广东高等教育出版社，2007年。

[107] 何秋萱：《Flash融入五阶段概念改变教学策略对国中生遗传概念改变的影响》，中国台湾，彰化师范大学，2004年。

[108] Betrancourt：*The animation and interactivity principles in multimedia learning*，The Cambridge handbook of multimedia learning，2005：287—296.

[109] 闫志明：《学习媒体效能的评价维度分析》，电化教育研究，2010年第5期，第103—107页。

[110] 谢明勋：《网页中动画分布位置与阅读绩效的研究》，中国台湾，台湾交通大学，2000年。

[111] 蔡金成：《运用眼球追踪法探讨小学科学与非科学教师在电流动画中的注意力分布与其概念之研究》，中国台湾，台湾交通大学，2009年。

[112] Schnotz，*Towards an integrated view of learning from text and visual displays*，Educational Psychology Review，2002，14（1）：101—120.

[113] R. K. Lowe，*Animation and learning：selective processing of information in dynamic graphics*，Learning and Instruction，2003，13：157—176.

[114] 庄新怡：《先备知识与动画学习对学习成效影响之研究》，中国台湾，台湾彰化师范大学，2005年。

[115] Reed：*Cognitive Architectures for Multimedia Learning*，Educational Psychologist，2006，41（2）：87.

[116] Roblyer、Marshall，*Predicting success of virtual high school students：Preliminary results from an educational success prediction instrument*，Journal of Research on Technology in Education，

2003, 35 (2): 241—255.

[117] 韩玉昌、杨文兵、隋雪:《图画与中、英文词识别加工的眼动研究》,心理科学,2003年第3期,第403—406页。

[118] 韩玉昌、任桂琴:《小学一年级数学新教材插图效果的眼动研究》,心理学报,2003年第6期,第818—822页。

[119] 许晓丽:《阅读中多媒体材料及其呈现方式的眼动研究》,大连,辽宁师范大学,2001年。

[120] Chan Lin, *Attributes of animation for learning scientific knowledge*, Journal of Instructional Psychology, 2000, 27 (4): 228—239.

[121] Ozcelika、Ismahan、Kursat, *Why does signaling enhance multimedia learning? Evidence from eye movements*, 2010, 26 (1): 110—117.

[122] Barbara、Betrancourt, *Animation: can it facilitate?* Human—Computer Studies 2002, 57: 247—262.

[123] Betrancourt, *The animation and interactivity principles in multimedia learning*, The Cambridge handbook of multimedia learning, 2005: 287—296.

[124] Schmidt、Kohert、Glowalla, *A closer look at split visual attention in system— and self—paced instruction in multimedia learning*, Learning and Instruction, 2010, 20 (2): 100—110.

[125] Mayer, *Unique contributions of eye—tracking research to the study of learning with graphics*, Learning and Instruction, Computers in Human Behavior, 2010, 20 (2): 167—171.

[126] Hsiao—Ching She、Yi—Zen Chen, *The impact of multimedia effect on science learning: Evidence from eye movements*, Computers & Education. 2009, 53 (4): 1297—1307.

[127] De Jong Cognitive load theory、educational research, and instructional design: Some food for thought. Instructional Science, 2010, 38 (2): 105—134.

[128] Sarah Kriz、Mary Hegarty,*Top-down and bottom-up influences on learning from animations*,International Journal of Human-Computer. 2007,65 (11):911-930.

[129] Han-Chin Liua、Meng-Lung Laib、Hsueh-Hua Chuang,*Using eye-tracking technology to investigate the redundant effect of multimedia web pages on viewers' cognitive processes*,Computers in Human Behavior,2011,27 (6):2410-2417.

[130] 林惠真:《计算机多媒体呈现方式对化学实验学习成效影响之研究——以有机化合物实验为例》,中国台湾:彰化师范大学,2006年。

[131] 李忠勇:《多媒体计算机辅助教学策略对高职信息科学生「基础电子实习」学习成效之研究》,中国台湾:彰化师范大学,2007年。

[132] Michel Boucheix、Lowe,*An eye tracking comparison of external pointing cues and internal continuous cues in learning with complex animations*,Learning and Instruction. 2010,20 (2):123-135.

[133] 黄心怡:《多媒体辅助教学对不同性向能力的国中生学习有机化合物的学习成效分析》,中国台湾,台湾交通大学,2008年。

[134] Lijia Lina、Robert K,*Atkinson Using animations and visual cueing to support learning of scientific concepts and processes*,Computers & Education,2011,56 (3):650-658.

[135] Barea、Boquete、Ortega、Rodríguez-Ascariz,*EOG-based eye movements codi？cation for human computer interaction*,Expert Systems with Applications. 2012 (39):2677-2683.

[136] Gog、Paas、Marcus、Ayres and Sweller,*The Mirror Neuron System and Observational Learning:Implications for the Effectiveness of Dynamic Visualizations*,Educational Psychology Review,2009,21 (1):21-30.

[137] Mordechai Ben-Aria、Roman Bednarikb、Ronit Ben-Bassat Levya,*A decade of research and development on program animation:The Jeliot experience*,Journal of Visual Languages & Computing,

2011, 22 (5): 375—384.

[138] Tim Kühla、Katharina Scheitera、Peter Gerjetsa、Sven Gemballa, *Can differences in learning strategies explain the benefits of learning from static and dynamic visualizations?* Computers & Education, 2011, 56 (1): 176—187.

[139] Koning、Tabbers、Rikers、Paas, *Attention cueing as a means to enhance learning from an animation*, Applied Cognitive Psychology, 2007, 21 (6): 731—746.

[140] 陈怡仁:《应用数字化双重情境学习课程探讨多媒体呈现形式对国中生遗传概念建构之影响》,中国台湾,台湾交通大学,2007年。

[141] Jarodzka、Scheiter、Gerjets、Van Gog, *In the eyes of the beholder: how experts and novices interpret dynamic stimuli*, Learning and Instruction, 2010, 20 (2): 146—154.

[142] Hegarty, *Dynamic visualizations and learning: getting to the difficult questions*, Learning and Instruction, 2004, 14 (3): 343—351.

[143] Tamara van Gog, *Eye tracking as a tool to study and enhance multimedia learning*, Learning and Instruction, 2010, 20 (2): 95—99.

[144] 韩玉昌:《眼动仪和眼动实验法的发展历程》,心理科学,2000年第4期,第454—457页。

[145] Shin-Yuan Hung、Kuo-Liang Huang、Wen-Ju Yu, *An empirical study of the effectiveness of multimedia disclosure of informed consent: A technology mediated learning perspective Original Research Article*, Information & Management, 2011, 48 (4): 135—144.

[146] 宋菲菲:《学科背景与呈现交互性对动画多媒体学习成效影响的实验研究》,大连,辽宁师范大学,2011年。

[147] Anne Schüler、Katharina Scheiter、Ralf Rummer、Peter Gerjets, *Explaining the modality effect in multimedia learning: Is it due to a lack of temporal contiguity with written text and pictures?*

Learning and Instruction,2012,22(2):92-102.

[148] 黄莉郁:《探讨多重表征之呈现方式对高中学生热膨胀概念改变的认知历程与脑波变化的影响》,中国台湾,台湾交通大学,2009年。

[149] 胡卫星、王健、宋菲菲:《欧美地区多媒体学习研究的新进展》,电化教育研究,2011年第2期,第107-110页。

[150] 吕林海:《人类学习的研究历史、本质特征与改进努力——脑科学视角下的解析与启示》,全球教育展望,2013第1期,第45-52页。

[151] 国家自然科学基金委员会、中国科学院:《脑与认知科学》,北京,科学出版社,2012年第12-23页。

[152] 董奇、周加仙:《理解脑——走向新的学习科学》,北京,教育科学出版社,2006年第4-10页。

[153] [美]基思·索耶:《学习科学及其跨学科基础》,世界教育信息,2011年第7期,第26-29页。

[154] 王道阳、魏玮:《教育科学发展新取向:来自认知神经科学的影响》,教育生物学杂志,2013年第3期,第226-231页。

[155] 尤洋、崔帅:《大脑是如何处理信息的——神经元及其模型的计算阐释》,科学技术哲学研究,2014年第5期,第20-26页。

[156] 伍海燕、王乃弋、罗跃嘉:《脑、认知、情绪与教育——情绪的神经科学研究进展及其教育意义》,教育学报,2012年第4期,第48-54页。

[157] Shipley T F、Tikoff B、Ormand C、et al, *Structural geology practice and learning, from the perspective of cognitive science*, Journal of Structural Geology,2013,(9):72-84.

[158] 赵鑫、周仁来:《工作记忆:人类高级认知活动的核心》,北京师范大学学报(社会科学版),2010年第5期,第38-44页。

[159] 吕厚超:《情节式未来思考的认知神经机制》,四川师范大学学报(社会科学版),2014年第4期,第69-75页。

[160] Carugati F、Perret-Clermont A N, *Learning and instruction:Social-cognitive perspectives*(2rd), Elesiver:International Ency-

clopedia of the Social & Behavioral Sciences,2015：670—676.

[161] 沈德立、白学军：《高效率学习的心理机制研究》，心理科学，2006年第1期，第2—6页。

[162] Paivio A, *Intelligence, dual coding theory and the brain*, Intelligence, 2014, (11)：141—158.

[163] 陈巍：《迈向整合脑与意识经验的认知科学：神经现象学研究》，南京，南京师范大学，2012年第12—18页。

[164] 保承军、岳桂杰、谷莉：《基于脑科学视角的建构主义学习模式》，太原大学教育学院学报，2014年第1期，第8—11页。

[165] 周加仙：《脑、认知与文化学习》，全球教育展望，2012年第10期，第62—68页。

[166] 徐光涛、张怀浩、任友群：《学习技术典型案例：从社交机器人到大脑刺激——学习科学国际大会"学习技术"专题综述》，现代远程教育研究，2014年第3期，第45—51页。

[167] 宋伟：《搭建脑与认知科学与学习之间的桥梁——2012年国际"脑、认知与学习"学术研讨会侧记》，中国教师，2012年，第23—25页。

[168] 龙程：《脑研究的进展、挑战与机遇》，华南师范大学学报，2013年第6期，第161—165页。

[169] Buckner R L、Krienen F M, *The evolution of distributed association networks in the human brain*, Trends in Cognitive Sciences, 2013, (12)：648—665.

[170] Volkova E V, *Cognitive learning technology：DI — approach*1, Procedia—Social and Behavioral Sciences, 2015, (1)：1330—1339.

[171] 白学军：《实现高效率学习的认知心理学的基础研究》，天津，天津科学技术出版社，2008年第60—66页。

[172] Koutsouki D、Asonitou K, *Cognitive processes in children with developmental coordination disorder*, Cognition, Intelligence, and Achievement, 2015, (8)：267—289.

[173] 任英杰、徐晓东：《学习科学：研究的重要问题及其方法论》，远程

教育杂志，2012，第 1 期，第 26—36 页。

［174］尚俊杰、庄绍勇、陈高伟：《学习科学：推动教育的深层变革》，中国电化教育，2015 年第 1 期，第 6—13 页。

［175］金莺莲、裴新宁：《学习科学视域中的社会性学习：过去、现在与未来》，开放教育研究，2014 年第 6 期，第 81—87 页。

［176］胡谊、桑标：《教育神经科学：探究人类认知与学习的一条整合式途径》，心理科学，2010 年第 3 期，第 514—520 页。

［177］李烨：《脑科学与教育研究》，南京，东南大学，2010 年。

［178］周加仙：《教育神经科学与文化适宜性教学》，远程教育杂志，2012 年第 5 期，第 20—25 页。

［179］顾凡及：《脑科学和信息科学的交叉学科研究》，自然杂志，2015 年第 1 期，第 26—32 页。

［180］焦建利、贾义敏：《学习科学研究领域及其新进展——"学习科学新进展"系列论文引论》，开放教育研究，2011 年第 1 期，第 33—41 页。

［181］陈溪萍：《视觉信息加工的脑认知事件相关电位特征研究》，苏州，苏州大学，2011 年。

［182］方陵生：《欧洲脑科学计划新动向》，世界科学，2014 年第 11 期，第 55—57 页。

［183］Kim M K，*Models of learning progress in solving complex problems：Expertise development in teaching and learning*，Contemporary Educational Psychology，2015，(7)：1—16.

附　录

附录1：《闪电的形成》动画多媒体学习材料（以动画＋文字形式为例）

闪电的形成过程一共包括八个关键步骤，具体如下面系列动画画面截图所示：

1. 靠近地面的空气受热后变热并上升

2. 上升的热空气中水分凝结形成云，超过冰点线后水分在云中形成结晶

3. 水滴和冰晶下降

4. 形成下行风

5. 负电荷降到云层底部

6. 先导闪电相遇

7. 负电荷向下冲

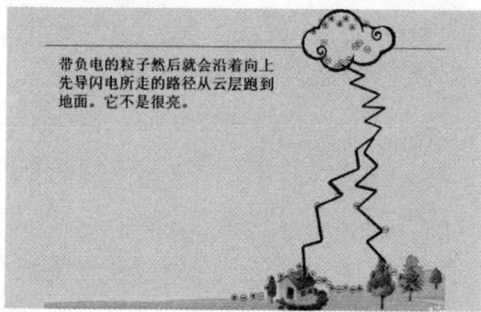

8. 正电荷向上冲

附录2：《闪电的形成》多媒体学习测试题目及评分要点

1. 请在尽可能快的时间内写出闪电形成的主要过程？（8分）

（答案要点有8个，答对一个给1分，要点分别为：空气上升、水凝结、水滴和水晶下降、形成下行风、负电荷降到云层底部、先导闪电相遇、负电荷向下冲和正电荷往上冲）

2. 你如何做才能降低闪电暴雷的强度？（2分）

（答案要点有2个，答对一个给1分，要点分别为：从地表移走正电荷和在靠近云层地方放置正电荷）

3. 平时你看到天空中有云层却没有出现闪电，原因是什么？（2分）

（答案要点有2个，答对一个给1分，要点分别为：云层顶部没有超出结冰面或没有冰晶形成）

4. 气温与闪电之间有什么样的关系？（2分）

（答案要点有2个，答对一个给1分，要点分别为：地表是温热的和即将来临的空气是凉爽的、云层顶部超出了结冰面和云层底部低于结冰面）

5. 什么导致了闪电的产生？（2分）

（答案要点有2个，答对一个给1分，要点分别为：云层内电荷的不同和云层内空气温度的不同）

6. 以下题目请您作图回答

（1）云层内电荷是如何产生的？（3分）

（答案要点有3个，答对一个给1分，要点分别为：云层一部分在结冰点上一部分在结冰点下、云层内有水滴或冰晶、云层内水滴或冰晶有向下的碰撞运动）

（2）在阶梯先导闪电形成之前云层内的电荷是如何分布的？（2分）

（答案要点有2个，答对一个给1分，要点分别为：云层内正电荷在上方、负电荷在下方和云层内空气温度的不同）

（3）在闪电暴雷形成之前，阶梯先导闪电是如何形成的？（4分）

（答案要点有4个，答对一个给1分，要点分别为：云层内负电荷聚集在底部、随下行风向地面移动、地面风摩擦地面在附属物上形成正电荷、

正电荷往上方移动与负电荷相遇）

附录3：《交互式电子白板教学应用》多媒体学习测试题目及评分要点

1. **请列出交互式电子白板的主要技术及特点？（8分）**

    （答案要点有4个，答对一个给2分，其中答对技术类型得1分，答对原理得1分）

    按照硬件原理分为：超声波式、电磁感应式、电阻压感式、红外式。超声波式基本原理：当用于定位的超声波发射器笔移动在屏幕的表面时，所发射出的超声波被固定位置的接收器接收进而定位；电磁感应式基本原理：主要是通过在白板板芯内安装传感器，接收电磁笔发出的特定射频频率信号来实现定位；电阻压感式基本原理：通过检测电阻值实现压感定位；红外技术式基本原理：通过分布在白板四周的红外管检测红外光遭阻挡情况来实现定位。

2. **请列出交互式电子白板的主要教学特征及应用实例？（6分）**

    （答案要点有3个，答对一个给2分，其中答对教学特征得1分，答对具体实例得1分）

    一是师生沟通更方便接近自然，实例有角色扮演、分享等；二是教学过程能实时记录分析，实例有累积、保留等；三是教学内容信息处理更多样化，实例有注解、重复示范等。

3. **请结合具体的应用案例列出对交互式电子白板教学应用进行评析的要点？（11分）**

    （答案要点有11个，答对一个给1分）

    第一，内容科学性维度，主要包括两个子项目：正确性和完整性；第二，操作指导性，主要包括两个子项目指标：引导功能性、操作辅助性；第三，教学活动设计性，主要包括三个子项目指标：教学目标、动机性和教学策略；第四，教学媒体性，主要包括三个子项目指标：界面设计、媒体元素、交互多媒体应用；第五，创新性。